AF318345

Contraste Insuffisant

NF Z 43-120-14

LE LYCÉE CORRUPTEUR

TOURS, IMPRIMERIE E. MENARD ET Cie

NIC

(Jacques Valdour)

Le Lycée Corrupteur

PARIS

"LA RENAISSANCE FRANÇAISE"

52, passage des Panoramas, 52

1909

CHAPITRE PREMIER

LE LYCÉEN ET LE LYCÉE

I

SOUVENIRS

J'ai passé chez les Frères des Écoles chrétiennes mes premières années d'écolier. L'enseignement profane y était d'accord avec l'enseignement sacré ; l'instruction et l'éducation, en harmonie avec les idées, les croyances, la pratique morale et les habitudes de piété de ma famille. Du foyer paternel et de l'école je recevais une même direction. Tous les efforts de ceux qui m'entouraient tendaient à une semblable culture de mon intelligence et de ma volonté. Et comme je trouvais au pensionnat des maîtres affectueux et des camarades entre lesquels ils savaient faire régner des rapports fraternels, quand je quittais ma famille j'étais encore en famille.

Mais, à neuf ans, j'entrais comme externe au lycée.

_

Très nette m'est restée l'impression que j'éprouvai, dès mon arrivée dans un nouveau milieu. Les élèves ne s'aimaient pas, et ils détestaient leurs maîtres. L'hostilité réciproque semblait la loi. Mes camarades étaient de façons brutales et de langage grossier : je n'avais pas encore connu que l'homme pût être un loup pour l'homme, ni qu'il pût y avoir des mots dont la famille proscrit l'usage, et que les fréquentations du dehors imposent. Le maître, qui nous gardait un peu avant que ne s'ouvrît la classe et nous y conduisait, s'acquittait de sa tâche comme d'une corvée que l'on semblait prendre à cœur de lui faire plus déplaisante. Le professeur était une manière d'inconnu redoutable qui, survenant, on ne savait d'où, pour instruire et sévir, disparaissait, ne laissant de lui-même qu'une image indifférente, ou ridicule, ou détestée. Mais, par-dessus tout, de ne plus retrouver trace de cette religion qui m'avait été enseignée comme la vérité suprême à quoi tout, dans notre vie, doit être rapporté, je me sentais froid jusqu'au fond de l'âme. Personne ne nous parlait plus de Dieu, ni ne nous prêchait la loi divine d'amour. L'idéal chrétien n'était plus proposé à notre activité comme son but supérieur. Jamais on ne m'entretenait de toutes ces choses qui avaient été mises comme un dépôt sacré dans mon cœur et dont on m'avait appris qu'elles devaient être le tout de moi-même. Sur le mur des classes, plus de crucifix, plus d'images saintes. On ne priait plus. Les jardiniers de l'âme n'étaient plus là. L'activité physique du corps et du cerveau résumait tout le programme du lycée. Sans qu'elle me fût encore enseignée du haut d'une chaire, toute une autre conception de la vie s'opposait à celle que j'avais reçue de mes premiers maîtres et que je voyais vécue au foyer domestique : une conception matérialiste de la vie animait la vie matérielle que le lycée me faisait vivre. Le silence, que le professeur et les surveillants observaient sur certaines choses, signifiait qu'elles méritaient le silence ; l'oubli où elles étaient tenues dans la pratique des occupations écolières témoignait qu'il convenait de les laisser dans l'oubli ; leur image ne devait pas plus orner l'intimité de nos cœurs que les murs de cette maison. On nous dressait pratiquement à l'observance d'une autre doctrine ; à notre insu, nous en devenions les disciples ;

elle entrait par nos oreilles ouvertes ; nous ne pouvions pas ne pas la voir, puisque nous ne pouvions fermer les yeux ; elle était l'atmosphère même que nous respirions.

Le lycée travaillait donc à faire de moi autre chose que ce que j'étais chez moi. Et, de même qu'il entrait en conflit avec ma famille, j'entrais, sous son influence, en conflit avec moi-même. Je recevais des miens une direction, et, des autres, une autre. Après avoir pris conscience, dès l'origine, que j'étais un étranger dans un milieu hostile, j'éprouvais qu'il se faisait en moi comme un envahissement obscur, et que j'allais avoir deux âmes, et qu'enfin, sous l'influence active et continue des maîtres, à la faveur du mécanisme impérieux d'habitudes nouvelles qu'ils édifiaient en moi, mon âme chrétienne allait mourir.

Le sentiment de ma détresse devait préparer mon salut. J'étais prévenu contre le lycée par le lycée lui-même. Ses agissements m'amenaient à me tenir en garde à leur endroit. En m'inquiétant, il m'éloignait de lui. En s'opposant à moi, il me donnait la tentation de m'opposer à lui. Désormais, au lieu de me laisser glisser à ses influences, j'allais me raidir contre elles et tenter de me fermer à leur action. Le conflit n'était plus seulement en moi, mais entre le lycée et moi.

**

C'est qu'aussi par d'autres symptômes s'étaient fortifiées mes craintes. Durant les deux années du catéchisme préparatoire à la première communion, je n'avais pu n'être choqué du peu d'estime en laquelle l'instruction religieuse était tenue. C'était officiellement et par ordre que nous allions au dessin et à la gymnastique, et nous nous y rendions d'ailleurs comme à des leçons ouvertement tenues pour très accessoires et très inférieures. Mais l'enseignement catéchistique ne se présentait même pas à nous comme leur égal ; nous n'y étions plus astreints par le programme des études ; il survenait dans la vie du lycée comme un intrus dont le lycée consentait avec peine à tolérer la présence et qu'il affectait d'ignorer ; il y occupait d'ailleurs si peu de place que ceux qui n'étaient pas déjà instruits des choses de la religion pouvaient à peine en prendre une connaissance rudimentaire, et, comme nulle sanction n'intervenait pour nous forcer au travail, l'acquisition des éléments de la science religieuse restait livrée à la bonne volonté de quelques-uns ou à leur caprice. Que l'instruction chrétienne fût tenue comme négligeable, il suffisait d'apercevoir entre elle et notre instruction générale cette différence de traitement pour que nul ne pût s'y tromper. L'enfant imite les grandes personnes ; l'élève, ses maîtres. Les jeunes lycéens n'avaient pas plus d'égards pour les leçons de l'aumônier qu'il n'en était témoigné par l'administration. Elles prenaient, dans leur esprit, l'importance qui leur était assignée dans le travail scolaire. Les enfants en parlaient avec dédain. Le pion qui nous y conduisait et nous y surveillait affectait par ses manières une ironie méprisante.

Mais, plus que cela, en pleine classe, l'ennemi s'était brusquement démasqué. Le professeur de 8e, qui avait jusqu'alors paru ignorer la religion, s'y était intéressé tout à coup le jour où il nous avait enseigné le massacre de la Saint-Barthélemy. Ayant décrit les faits, il avait demandé à un élève ce qu'il en pensait. Ce jeune garçon à qui pour la première fois semblable question était posée, en ayant paru tout interloqué, le professeur s'était indigné de son « indifférence » ; puis, accusant l'Église d'avoir commis ce crime, il s'était élevé avec violence

contre son fanatisme dont il prétendait que le retour
serait toujours à craindre partout où le catholicisme
réussirait à établir sa domination.

Ce jour-là, je n'étais plus seulement froissé dans mes
sentiments, j'étais, pour la première fois, ébranlé dans
mes convictions : on me représentait ma religion comme
inspiratrice du crime, l'Église comme une criminelle !
Plus que la croyance de la plupart des hommes, celle
des enfants est instable, faite de souvenirs, d'impres-
sions qui règnent sur l'esprit jusqu'à ce qu'une impression nouvelle les en chasse. La conviction peut être
déterminée ou détruite par un fait hors de proportion
avec elle (1). Chez un enfant, la foi, anémiée déjà par six
mois de régime de lycée, pouvait périr sous cet assaut,
du moins en sortir sensiblement affaiblie. Comment
nous imaginer que cet homme, chargé de nous enseigner, et à la parole de qui nous étions habitués à croire,
falsifiait l'histoire et nous trompait pour servir ses hai-
nes ? Je ne pouvais rectifier l'erreur historique qu'il
imprimait dans nos mémoires : je ne savais pas l'histoire

(1) « Quelquefois, l'action la plus simple, une parole d'un
maître influe sur un enfant pour toute l'existence. » (GUYAU,
l'Irréligion de l'avenir, p. 232.)

mieux que mon professeur ; je ne savais pas l'histoire ;
on m'avait confié à lui pour l'apprendre. A qui recourir
dans ma détresse ? L'aumônier ? On ne le voyait jamais
hors le temps de sa leçon ; et il était alors dans sa chaire,
nous dans nos bancs ; qui donc aurait osé le question-
ner ? et puis, il n'était pas professeur d'histoire. Mon
père ? ma mère ? mais, parce que leurs occupations prenaient tout leur temps, ils avaient chargé le lycée de
pourvoir à la vie de ma pensée. Alors, seul, et dans un
suprême effort pour dominer le désarroi de mon âme,
je réfléchis que l'Église du Christ d'amour et de pardon,
dont je répétais chaque jour le commandement : « Homi-
cide point ne seras », ne pouvait être une Église d'assas-
sins ; je remis à plus tard de connaître comment des
hommes avaient pu mêler son nom à leurs propres crimes, d'autres hommes commettre ce crime de faire dans
de jeunes pensées la nuit du mensonge, — et le lycée me
fit peur.

**

Le temps de la première communion était venu.
Quelle communion aurais-je faite si ma mère n'avait été

mon professeur patient, mon aumônier caché, ma gardienne vigilante, une zélatrice affectueuse et inquiète? si de pressantes démarches auprès du proviseur ne m'avaient épargné de tomber dans le piège tendu par les règlements qui exigeaient des premiers communiants qu'ils fussent demi-pensionnaires pendant les quatre derniers mois de l'année ? J'étais soustrait à la funeste influence du semi-internat qu'imposait l'administration comme pour rendre plus définitive son emprise. Au moment où l'idée religieuse acquérait une importance particulière, le lycée redoublait d'efforts pour lui interdire l'âme de l'enfant. L'enfant était entièrement dérobé à l'influence familiale, et ce qu'il aurait pu exceptionnellement recevoir de vie religieuse dans cette brève préparation à la cérémonie la plus importante du culte était à coup sûr plus que neutralisé par ce long séjour dans la caserne universitaire. L'âme adolescente était assurée d'y prendre, tout au long du jour, la leçon du catéchisme de libre pensée et la pratique de la morale du libre instinct. A la première communion chrétienne, les règlements scolaires, sous le prétexte équivoque de mieux préparer l'enfant, de lui éviter les dissipations du dehors, de rendre plus certaine son assiduité au travail et de parfaire son éducation, opposaient une manière de première communion païenne et y contraignaient le jeune chrétien : il devait subir le contact des demi-pensionnaires plus anciens, déjà mieux façonnés à l'action du lycée, des internes qui en étaient complètement devenus la proie, et de leurs éducateurs, les pions, qui, par leurs exemples et leurs propos, avaient tôt fait de le dévaliser de son mince bagage de croyance, de piété et de vertu.

Ah ! les jours qui précédèrent le grand jour ! les jours de retraite ! les trois jours !... Nous n'allions plus en classe. En dehors d'une brève instruction religieuse donnée à la chapelle le matin et le soir, nous étions enfermés dans une étude, libres de nous occuper à notre gré ; nous y lisions des livres d'étrennes ; le pion n'intervenait que pour nous faire mettre en rang et nous conduire à la récréation : « Eh bien ! allez-vous avancer, en tête ? Vous attendez peut-être que ça se fasse par l'opération du Saint-Esprit ? »

Le matin de la première communion, nous étions réunis dans une salle, attendant qu'il fût l'heure d'aller à la chapelle. Nous n'étions préoccupés que de nous montrer nos cadeaux ; quelques-uns se disputaient : c'était à qui avait reçu le plus beau chapelet ou le plus beau livre ; un de mes camarades se réjouissait de manger de la brioche à déjeuner. « Chouette ! criait un autre, après la messe on ira au réfectoire prendre une tasse de chocolat ! — Ben ! grognait son voisin, s'il y a dedans autant d'eau que dans le vin de l'administration !... » L'aumônier, très affairé, était entré un instant demander au maître d'études de nous faire dire le chapelet. Mais plusieurs, invités par le surveillant à réciter les prières, n'avaient su ce qu'il fallait dire. La chose avait paru fort drôle. Et l'on en avait ri.

Et puis ce fut la cérémonie dans la chapelle déshabituée des prières. Les premiers communiants et leurs familles étaient encadrés par les professeurs, les pions, les élèves internes, qui tous semblaient tenir à marquer, par la correction officielle ou l'indifférence de leur attitude, qu'ils étaient là en service commandé, mais non plus en croyants. Pas de chants liturgiques. L'harmonium jouait des airs de danse... Oh ! le sacrilège de cette première communion au lycée !

L'année suivante, nous avions tous entre les mains l'*Histoire ancienne des peuples de l'Orient,* « rédigée, conformément aux programmes de 1880, pour la classe de sixième, par V. Duruy », et l'on y lisait à la page 134 :

« Les Israélites étaient un rameau de la grande race sémitique, les parents des Phéniciens et des Arabes. *Les traditions populaires, qui se plaisent à rapporter tout à un homme, représentaient le peuple d'Israël comme étant la descendance d'Abraham.* Il habitait la Chaldée, dit la Bible, lorsque Dieu lui apparut et lui dit : Sors de ton pays, quitte ta famille et la maison de ton père, et viens en la terre que je te montrerai ; je te rendrai père d'un grand peuple, et toutes les nations de la terre seront bénies en toi. *Nous ne pouvons remplacer cette légende par un récit historique,* et elle peint trop bien les mœurs de ces vieux âges pour ne pas être reproduite. Nous en donnons un bref résumé. »

Sous cette réserve du caractère *légendaire* des faits bibliques et cette excuse que, s'ils méritaient d'être racontés, c'était à titre de peinture des « mœurs de ces vieux âges », l'auteur racontait brièvement et sans nouveaux commentaires l'histoire des Juifs jusqu'à la destruction de Jérusalem par Nabuchodonosor. Mais, ayant affirmé que tout cela relevait de la tradition populaire, non de l'histoire, il avait insinué dans la pensée de l'élève chrétien que l'action de Dieu dans Israël était une légende.

En quatrième classe, notre professeur de lettres, s'interrompant de traduire l'*Énéide*, disait en ricanant : « Les traducteurs de la Bible ne peuvent se mettre d'accord sur le sens du texte hébreu : comment donc peut-on prétendre que ce livre est un livre inspiré ? »

**

Depuis la première communion, nous n'entendions plus parler de la foi chrétienne que lorsque, de temps à autre, les professeurs lui opposaient quelque objection. Mais, dans les classes supérieures, les attaques formelles contre la foi se répétèrent avec une force croissante ; elles se formulaient au cours d'un commentaire littéraire, ou faisaient corps avec l'enseignement de l'histoire, on apparaissaient brusquement sans qu'elles eussent aucun lien avec les choses enseignées : c'étaient des affirmations massives, ou de légères insinuations, ou de la polémique, ou de la raillerie grossière. Et cela semblait si naturel dans un tel milieu ! la plupart déjà pleinement conquis, les autres si bien jetés depuis longtemps dans le doute, et quelques-uns dressés à souffrir au fond d'eux-mêmes, incertains de ce que seraient demain leurs croyances ! On entendait profiter de nos dernières années d'études pour, dans un dernier effort, arracher à l'Église tous ces jeunes gens, pour que ceux que l'on en avait déjà détachés fussent fortifiés contre elle, et que les autres, conduits au delà du doute, lui devinssent, d'indifférents, ennemis.

Cet achèvement de leur tâche était désormais facile à nos maîtres. La foi religieuse doit régir tout l'homme, sa volonté comme sa pensée ; un chrétien n'est pas chrétien par cela seul qu'il croit, mais parce qu'il vit sa croyance. Aucun élève du lycée ne pouvait vivre sa croyance. A la demi-heure hebdomadaire de messe se réduisait toute la vie religieuse de l'interne administrativement poussé à la chapelle ou de l'externe conduit par sa famille à la paroisse. La religion n'était, en réalité, jamais intervenue dans l'activité du lycéen, puisqu'aucun maître ne la lui présentait comme l'inspiratrice de la moralité, ou ne la proposait à ses préoccupations d'avenir. L'éducation universitaire limitait systématiquement ses vues à un horizon purement terrestre et son idéal à des buts exclusivement matériels ; la seule chose dont on l'entretenait était la réussite de ses examens et la préparation à une carrière ; nul ne lui enseignait le bien ou le mal, et que tout passait après l'obligation d'accomplir la volonté de Dieu en observant sa loi. Nos actions ne nous apparaissaient pas, dans la pratique journalière de notre vie, comme devant être subordonnées à des fins désintéressées, déterminées par l'inquiétude de notre devoir et de notre sort éternel, mais comme devant être uniquement inspirées par des calculs utilitaires, par la seule préoccupation de satisfaire nos intérêts et d'assurer nos commodités. Tout se passait pour nous comme si, notre existence s'achevant au tombeau, nous n'étions assujettis qu'aux nécessités humaines de l'existence et aux lois de l'État. On nous faisait vivre une vie qui n'était pas la vie chrétienne. Il ne restait donc, du christianisme, chez ceux qui en avaient conservé quelque chose, que le geste d'aller à la messe dominicale et peut-être aussi une vague adhésion de la pensée ou des lèvres à la dogmatique de l'Église. Et comme l'assistance à la messe était le fait de la volonté familiale et peut-être aussi d'une affirmation purement intellectuelle, il suffisait de modifier notre façon de penser pour que, à notre sortie du lycée, nous fussions dégagés de la coutume de famille et de l'habitude d'esprit qui nous conduisaient à faire acte de religion. Entreprise aisée : nos pères, nos mères avaient précisément demandé au lycée de nous fournir l'aliment de l'esprit. A partir de la classe de troisième, il s'y emploie avec un redoublement d'ardeur.

Le professeur d'anglais, que la réponse incertaine d'un élève n'avait pas satisfait, lui disait : « Vous ne dites ni oui ni non : ce sont des façons jésuitiques ! » Et, un autre jour, mécontent de la manière dont l'un d'entre nous lisait un texte : « Vous lisez comme un imbécile, comme un curé qui dit sa messe !... Dame ! un curé et un imbécile, est-ce que ce n'est pas la même chose ? Est-ce qu'il sait ce qu'il dit avec ses *Oremus* ? »

Le professeur de mathématiques se plaisait, après avoir dicté une composition, à ajouter d'un air paterne : « Allons, mes enfants, disons tous : « O bonne sainte « Vierge, accordez-nous de faire une bonne composition !» Et il joignait les mains, dirigeait son regard vers le ciel, se signait dévotement, pour aussitôt lever la jambe, se claquer la cuisse et éclater de rire.

Le professeur de physique enseignait : « Les exemples qui précèdent prouvent que la matière est inerte. Qu'est-ce donc qui la fait agir ? Qu'est-ce qui donne la vie aux corps? Nous l'ignorons, n'ayant pas encore découvert l'agent matériel qui produit un tel effet. »

D'après le professeur d'histoire, l'épiscopat était une création du ive siècle; l'institution de la papauté ne remontait pas au delà du viiie, et le pape n'avait réussi à imposer son autorité qu'en se prévalant de documents apocryphes; dans les premiers temps du christianisme, il n'y avait que des prêtres, mariés pour la plupart; la hiérarchie ecclésiastique, telle qu'elle se présente à nous aujourd'hui, et l'obligation pour les prêtres d'observer le célibat étaient des innovations relativement récentes; ainsi, concluait-il, l'organisation de l'Église avait subi de nombreuses variations.

**

Qui pouvait se plaindre de l'activité de ces agents de l'anticatholicisme? La discipline scolaire imposait à l'élève d'écouter docilement leurs leçons. Aux parents l'on eût dit que, s'ils n'étaient pas satisfaits, ils n'avaient qu'à retirer leurs enfants et les conduire ailleurs. Et quelles raisons décisives les réclamants eussent-ils pu produire? Les professeurs de mathématiques et d'anglais auraient répliqué en invoquant les droits de leur pensée; le physicien, les droits de la science; l'historien, les droits de l'histoire. La pensée de la famille avait aliéné ses droits. La pensée de l'élève n'en avait pas encore : on lui présentait l'interprétation matérialiste d'une hypothèse de physique comme vérité de science, une falsification de l'histoire de l'Église comme conquête de la critique historique, la piété comme le fait des gens sans culture; il lui fallait croire que le spiritualisme est une erreur, le dogme chrétien un mensonge, et la prière une pratique ridicule.

J'avais été blessé par les plaisanteries de commis voyageur du mathématicien; le physicien, expliquant la vie par un agent matériel qu'il avouait ne pas connaître, m'avait paru un sot. Mais le professeur d'histoire m'avait jeté dans un trouble profond; j'étais assailli de doutes; je sentais l'incroyance m'envahir : l'Église avait donc varié! ses dogmes se contredisaient à des siècles d'intervalle; comme dans les choses humaines, ce qui avait été vérité en un temps était en un autre devenu erreur; les prêtres m'avaient trompé; Luther avait raison contre eux; le protestantisme, et non le catholicisme, continuait l'Évangile. Ma foi sombrait. J'étais prêt à chercher, hors sa voie, une voie nouvelle. En un jour de grande angoisse je sentis que, tout mourant en moi de mon passé religieux, j'allais cesser d'avoir avec les miens une commune espérance : pour être d'accord avec ce qui me restait de croyance en Dieu et au Christ, ne devais-je pas me faire protestant?... Quel secours de la grâce m'a retenu sur le bord de l'abîme? C'est à cette heure de désarroi extrême que je parvins à me ressaisir : les paroles du Christ établissant la primauté de Pierre et la pratique conforme des temps apostoliques me revinrent plus fortement en mémoire, ruinant les prétentions des soi-disant réformés ; on avait donc abusé de moi en me présentant les fausses décrétales comme les textes par lesquels se justifiaient les prérogatives du Saint-Siège; et j'imaginai que, si les premiers papes n'avaient pas, à l'origine, toute la puissance que leurs successeurs du moyen âge devaient acquérir, mais seulement son essence, c'est qu'elle ne pouvait s'exprimer qu'à raison même des efforts qui seraient faits pour la nier et dans la mesure où les circonstances historiques nécessiteraient que les détails de cette puissance et de son rapport avec les autres éléments de l'Église fussent précisés. Alors la paix avait fait retour en moi. Puis, ayant feuilleté par hasard le *Génie du Christianisme,* j'y avais découvert une note rappelant qu'aussi Voltaire avait nié l'existence de toute hiérarchie parmi les chrétiens du 1er siècle, et allégué que l'on ne possédait sur les successeurs de saint Pierre que la liste « frauduleuse d'un livre apocryphe, intitulé *le Pontificat de Damase* »; or Châteaubriand répliquait que saint Irénée, disciple de Papias et de saint Polycarpe qui étaient eux-mêmes disciples de saint Jean, avait donné, dans son *Traité sur les hérésies,* la liste complète de ces papes dont il était presque témoin et citait saint Lin après saint Pierre : « Ce premier successeur du chef de l'Église est nommé par les apôtres eux-mêmes ! » Alors il m'apparaissait que la force d'erreur, qui tentait de corrompre le xviiie siècle après le xvie, agissait encore, mais sous une autre forme, de mon temps. Et ailleurs, au hasard d'une lecture, j'apprenais que le célibat des prêtres ne pouvait participer à l'invariabilité dogmatique, puisqu'il ne relevait que d'une discipline susceptible de changements.

**

Sans doute j'étais sauvé pour l'instant de la tentative d'embauchage protestant. Mais ces heures douloureuses,

qu'une solide instruction religieuse donnée méthodiquement m'aurait épargnées, devaient d'autres fois sonner.
Je venais de faire l'expérience de la fragilité de mes
croyances, et qu'elles vivaient au jour le jour, restant à
la merci d'attaques contre lesquelles rien ne me prému-
nissait. Plus tard, que de doutes s'élevèrent en ma
pensée vide de toute science religieuse et assaillie
d'objections qui mettaient en question l'existence de
Dieu, l'âme et la vie future !

L'année suivante, le professeur d'histoire nous pei-
gnait le moyen âge comme caractérisé à la fois par le
triomphe de l'Église, de l'ignorance et de la barbarie. Il
exaltait la Réforme qui avait affranchi les consciences,
la Renaissance qui avait libéré les pensées ; l'Allemagne
et l'Angleterre avaient échappé à la corruption romaine
et aux abus monastiques ; la France et l'Italie, redeve-
nues attentives aux leçons de la Grèce et de la Rome
païennes, s'engageaient dans les voies nouvelles que le
sens de la nature et le génie antique ouvraient à la
science comme à l'art ; toutefois le fanatisme n'avait pas
encore été complètement vaincu : il devait déchaîner les
guerres de religion, inspirer la Ligue et dicter à
Louis XIV la révocation de l'édit de Nantes. Dans toutes

ces leçons, le catholicisme, toujours visé, n'était jamais nommé ; on en avait seulement aux abus de la vente des indulgences, à la décadence des couvents et à la corruption de la cour de Rome ; le naturalisme des vieux païens n'était pas plus proposé à notre adhésion que le matérialisme moderne, mais ils nous étaient insinués sous le couvert du sentiment de la nature qui renouvelait l'art et la science ; on les glissait en nous, en éveillant nos sympathies pour la pensée antique ; au fond, on nous donnait à brûler ce qu'avait adoré le Clovis chrétien, à adorer ce qu'il avait brûlé. Telle était l'idée maîtresse de l'enseignement que nous autres, baptisés et fils de baptisés, nous devions subir. Le protestantisme, qui semblait à nos maîtres propre à nous dégager de la civilisation chrétienne et à nous ramener à la civilisation païenne, était décrit comme un libérateur ; on nous le présentait comme ébauchant l'œuvre qu'achèverait la Révolution française ; on retenait avec soin notre attention sur la beauté de la tolérance dont on nous assurait que la Réforme était l'apôtre. On ne nous disait pas que l'Église était maîtresse d'intolérance, non plus que maîtresse d'erreur, mais, de même que l'on nous avait dit du moyen âge que l'Église y était reine, la conscience serve, la pensée endormie, on nous assurait que le xvi⁰ siècle était le temps des luttes entreprises pour assurer l'essor de la science et le triomphe du libre examen. On s'étendait avec complaisance sur les crimes commis par les armées catholiques, sur le massacre de la Saint-Barthélemy. On se gardait bien de nous apprendre que les huguenots couvrirent d'horreurs la France et l'Allemagne, que des flots de sang furent répandus en Angleterre au cours de persécutions dont le cantique des catholiques anglais *Foi des aïeux, toujours vivante malgré les donjons et les bourreaux...* perpétue le douloureux souvenir; on ne nous disait pas par quels artifices le peuple scandinave avait été à son insu détaché de l'Église, ni que les princes luthériens d'Allemagne avaient imposé la Confession d'Augsbourg comme loi de la conscience de leurs sujets. L'histoire, habilement maquillée, tendait à nous armer de haine contre notre religion, à nous remplir de sympathie pour tous ses ennemis.

En rhétorique, un autre professeur d'histoire poursuivait avec ténacité la même entreprise. Un jour, il fit lire en classe un article de journal sur *la Révocation de l'édit de Nantes et les Jésuites*. C'était un perfide réqui-

sitoire contre la Compagnie de Jésus; il en dénonçait
l'esprit comme néfaste et se plaignait de ce que la
France contemporaine n'ait encore pu complètement se
soustraire à son influence.

**

L'étude du xvii⁰ et du xviii⁰ siècle était particulièrement
favorable à cette forme nouvelle de la polémique anti-
religieuse. Les jésuites, pour avoir été les actifs soldats
de la chrétienté menacée par les protestants, étaient
devenus tout-puissants. En attaquant nommément les
jésuites, on attaquait, sans la nommer, l'Église. La critique littéraire s'ajoutait, en l'espèce, à l'étude partiale
de l'histoire : le professeur de lettres prenait parti pour
les jansénistes; toutes les fois donc que naissait une
hérésie, nos maîtres s'en faisaient les avocats; ils ne
jouaient pas ouvertement ce rôle; ils ne défendaient pas
Jansénius contre le dogme, mais Port-Royal contre les
jésuites; la lutte entre le jansénisme et le catholicisme
était, en apparence, ramenée à un conflit entre un groupe
d'hommes pieux et une congrégation ; Pascal était le
grand prétexte à intervenir; on l'agitait comme un dra-

peau ; après avoir exalté les *Pensées*, on exploitait les
Provinciales ; à l'abri derrière un nom illustre, on me-
nait contre ses adversaires une guerre sans merci.
« Voyez, Messieurs, quelle admirable peinture nous
est faite du Père jésuite et qui convient à mer-
veille aux membres de la célèbre Société! C'est un
homme naïf, qui donne de bonne foi dans les erreurs de
la Compagnie ; mais quel air patelin est le sien ! quel
doux et saint homme! et combien inoffensif d'apparence ! » La leçon s'achevait par cette escobarderie : « Je
vous laisse, Messieurs, le soin de prendre parti pour les
jansénistes ou les jésuites ; mais, si mon impartialité
m'interdit toute préférence, je puis, sans lui porter
atteinte, déclarer qu'il y a moins d'hypocrisie, qu'il y a
plus de bonne foi dans ce camp-là que dans l'autre. »
En somme, il apparaissait très clairement que, si le
jésuite des *Provinciales* était détestable, tous les jésuites
étaient comme ce jésuite, et que la Société de Jésus était
malaisément discernable de l'Église du Christ.

Le *Tartufe* de Molière nous était analysé dans le même
esprit. Nous prenions conscience que, derrière le faux
dévot, le dévot sincère était visé, et que l'on se servait de
la peinture d'une piété détestable, parce qu'hypocrite,

pour nous faire détester la piété sincère, l'esprit même de piété, plus encore, la conviction religieuse qui inspire la piété.

Sous des formes enveloppées, et toujours usant et abusant des procédés de rhétorique, notre professeur de lettres, sous couleur d'exposer deux thèses qu'il livrait à notre choix, présentait toujours l'une de telle sorte qu'elle s'imposât à notre esprit. A tout moment, c'étaient des : « Je ne vous dirai pas que... »; ou bien : « Mais à ce qui précède on peut répondre par cet argument décisif... » ; ou encore : « Remarquez, Messieurs, que je me borne à vous exposer les théories contraires sans me départir de l'impartialité que doit observer notre enseignement. » Ou, enfin, il se dérobait derrière l'opinion de l'auteur qu'il nous analysait : « A ceux qui croient le monde fait pour l'homme, Lucrèce oppose cette remarque fort juste qu'il existe beaucoup plus d'espaces inhabités et inhabitables que de pays habitables et habités. »

Le professeur de langues vivantes n'y mettait pas tant de façons. Et l'on n'en prenait pas davantage avec lui. L'aumônier étant venu à mourir, il nous demandait : « Quand l'enterre-t-on? demain ou après demain? — Oh ! après demain ! s'exclamait un interne. Mais il serait vert ! On pourrait récolter des asticots !» Un mois plus tard, son successeur n'étant pas encore nommé, quelques internes disaient à ce professeur, en pleine classe, qu'ils souhaitaient qu'aucun prêtre ne le remplaçât. « A quoi bon ?» faisaient-ils. Le maître répondait : « Je suis de votre avis : un aumônier est parfaitement inutile. Mais, après tout, qu'il y en ait ou non, cela ne vous fera ni chaud ni froid ! — Pour sûr !» s'exclamèrent en chœur les élèves. Deux mois plus tard, aucune nomination n'avait encore été faite. Un interne dit en classe : « Décidément, il faut croire que les aumôniers sont supprimés. Ça n'est pas de trop ! Les instructions religieuses nous faisaient perdre un temps (1)!... Et tout de même on nous envoie un curé pour dire la messe à la chapelle !... Enfin, il est tout de même très chic, ce petit curé, il expédie sa messe en vingt minutes ! — C'est, répliqua le professeur, que le vin blanc n'est pas assez bon. » Hilarité générale.

Un autre jour : « Est-ce qu'on ne devrait pas nous laisser chez nous le dimanche ? disait un demi-pension-

______

(1) Une demi-heure par semaine pour les internes et demi-pensionnaires. Le pion, qui les y surveillait, affectait de lire un journal anticlérical.

naire. Faut venir à la messe, aux vêpres, à toutes les bénigousses des curotins ! Qu'elle sale administration !... Dire qu'il y a des colles le 14 juillet, le jour de la fête nationale ! — Soyez tranquille, faisait le professeur, si c'était une fête religieuse, on lèverait bien les punitions ! — Ça ne rate pas, reprenait l'élève : à Pâques, amnistie. Mais ça n'empêche pas qu'il faut aller à leur sacrée messe ! » Ce jeune homme avait été élevé par un prêtre jusqu'à ce qu'il entrât au lycée ; les quatre années qu'il y avait passées avaient opéré en lui cette transformation.

Le même professeur, nous parlant d'un de ses anciens maîtres, nous disait : « C'était un jésuite fini ! plus jésuite que tous les jésuites ! Quelle canaille ! Ah ! le vieux cagot ! »

Une autre fois : « Je connais une plage de Bretagne où, il y a deux ans, un curé s'est enlisé. Quelle mort épouvantable ! — Ça ne fait rien ! un curé ! remarquait un élève sur le mode ironique. Il sera monté tout droit au ciel ; le grand saint Pierre lui en aura ouvert à deux battants les portes. — Et puis, un curé ! répliquait le professeur ; il y en aura toujours de trop ! »

Il nous racontait encore qu'il avait visité Sainte-Anne

d'Auray, qu'il avait trouvé « bien amusant de voir des femmes se prosterner devant une bonne vierge dorée et peinte, et boire pour un sou une bolée d'eau qui devait les guérir de toutes les maladies. Et quelle collection d'aveugles et de boiteux réunis là ! Il paraît que des bonnes gens y viennent avec une jambe de bois et s'en retournent avec une jambe en chair et en os ! C'est drôle ce qui se fait de miracles en Bretagne ! Il est vrai que c'est un pays de jésuitières ! »

Bavard et très familier avec nous, ce professeur nous apprenait un autre jour qu'il avait débuté comme maître d'étude : « Nous étions deux pions en surveillance dans une étude. Je dis à mon collègue : « On s'embête par « trop ici ; je sors dix minutes pour prendre un bock. » Juste pendant mon absence survient le patron (1). Il demande à un élève où j'étais. L'élève a la bonne idée de répondre que j'étais aux cabinets et me dit, à mon retour : « Le patron sort d'ici ; il vous a réclamé ; j'ai « dit que vous étiez en train de ch... » Son sang-froid m'avait évité une sale affaire. » C'est du haut de la chaire qu'il nous parlait en ces termes.

(1) Proviseur.

Un certain pion ayant quitté notre lycée où il surveillait l'étude des petits, ce même professeur de langues
vivantes nous rapportait, à son sujet, qu'un jour, où il
était allé chercher dans cette étude deux jeunes élèves
à qui il donnait des répétitions, il avait été surpris de
voir « comme un grand attroupement au milieu de la
salle : tous se ruaient sur un pauvre garçon, s'acharnaient
à le bousculer et le frapper ; le pion regardait avec satis-
faction ce spectacle. Je demandai à un élève ce dont il
s'agissait : « Ah ! Monsieur, c'est la *meute !* Tous les
« soirs, à six heures, le pion nous fait signe, et nous
« sautons tous sur Crépin parce qu'il est un peu bête. »

Cela nous était conté sans indignation. Les internes,
d'ailleurs, le savaient; mais il n'y avait jamais eu de
plainte, et le maître d'étude n'avait pas quitté le lycée à
la suite de mesures disciplinaires.

« Ce pion-là, reprit alors un élève, a récemment passé
sa licence. Nous l'avons rencontré au café-concert, et il
nous a dit : « Ah ! c'que les chanteuses étaient bath ! et
décolletées ! »... Le lendemain, on l'a encore rencontré
et on a été avec lui dans une brasserie pour rigoler !»
Tout le monde s'étant mis à rire, un autre élève, s'adressant au professeur : « Monsieur, dit-il, vous connaissez

bien X..., l'employé d'économat ? Ah ! c'qu'il est épatant quand il suit les femmes, le soir, dans la rue ! C'est tordant ! Quand je le vois en suivre une comme ça, je m'colle derrière et j'les r'file !... » Un accès d'hilarité secouait alors toute la classe.

Ces sortes de conversations s'harmonisaient avec tout l'ensemble du système d'éducation et d'instruction que nous avions subi. Nous n'avions pas plus reçu de direction morale que de direction religieuse : ni foi pour notre intelligence, ni loi pour notre volonté. Ou, plutôt, de même que nous avions été façonnés à ne réfléchir qu'aux choses sensibles, à n'apprendre que les faits naturels, à n'envisager le monde que du point de vue humain, à n'acquérir qu'une science séparée de Dieu, nous avions été dressés à ne désirer que les désirs des sens, à n'écouter que les sollicitations de la nature, à ne considérer la vie que comme réglée par l'instinct, à nous préparer une existence sans Dieu. On avait poursuivi méthodiquement un but précis qui était de substituer une mentalité naturaliste et une moralité naturelle à une mentalité et une moralité surnaturelles. De ce point de vue, il ne pouvait plus être question de dominer notre nature, mais de nous y abandonner : on avait travaillé à développer en nous le mâle. Et, de fait, notre moralité était en accord avec notre mentalité. On ne nous surveillait pas : les conversations étaient grossières, les propos orduriers ; en classe circulaient, parmi les internes surtout et les demi-pensionnaires, des brochures et des journaux obscènes ; ce qui est déshonnête se disait assez haut ou se faisait assez ouvertement pour que le professeur fût informé ; mais, pourvu que sa leçon n'en demeurât pas vraiment troublée, il s'enfermait dans une abstention de sévir qui était une complicité consciente.

**

J'ai vu, un dimanche soir, un interne qui, rentrant au lycée, titubait dans la rue. En quatre ans, plusieurs maîtres d'étude et un surveillant général furent renvoyés pour ivresse manifeste. Nos maîtres nous encourageaient par la parole et l'exemple. Sur le seuil du lycée, deux professeurs se giflaient à propos de femmes. La femme d'un autre professeur venait souvent attendre un collègue de son mari : nul, parmi nous, n'ignorait cette liaison affichée publiquement ; le professeur adultère ne nous en prodiguait pas moins, avec la leçon de son exemple, les leçons de littérature qu'il était également chargé de faire au lycée de filles. Un pion, qui préparait l'agrégation de philosophie, se vantait d'être matérialiste ; il disait volontiers que « la pensée est le résultat du développement d'une cellule cérébrale », que « la morale n'est pas une fameuse invention », que « la sanction morale est le tambour sur lequel toutes les religions battent le rappel en leur faveur ». Un autre, remplaçant un professeur absent, employait une classe à nous lire le récit des débauches des Borgia. Le professeur de mathématiques, en année de philosophie, nous disait, entre la démonstration de deux théorèmes : « Je suis arrivé à Paris comme étudiant avec quatre mille francs d'économies. J'ai commencé par tout manger à faire la noce. Il faut bien s'amuser, n'est-ce pas ? On est fait pour ça ! Le plaisir, il n'y a que cela de vrai ! » Ou encore : « Monsieur un tel, passez au tableau... Vous avez l'air abruti ! Vous avez fait la noce !... Non ! ne menez pas d'horizontale ! Je comprends que vous aimiez les horizontales. Tous les mêmes, ces petits messieurs !... Allons ! vous ne savez pas ?... Eh bien ! menez la perpendiculaire Z, U, T à LN... zut à Hélène ! et allez

à votre place!... Ils ne pensent tous qu'à faire la noce!...
Vous serez collé sans ex! Sacrédieu! Vieux ganachon!
N... de D...! Vous raisonnez comme feu Cucufin et son
ami Cochonneau! »

Quelle n'était pas l'ironie de ces discours que nos
professeurs nous tenaient, à nous et à nos familles, aux
solennelles distributions de prix :

« L'enseignement n'a plus pour objet d'emprisonner
les intelligences, d'atrophier les volontés... La démocratie a ennobli sa tâche : elle lui a confié le soin de
faire des hommes, des citoyens. »

« L'Université s'applique à développer harmonieu-
sement toutes vos facultés, surtout celles qui font la
dignité de l'homme. Elle est satisfaite quand elle vous
a inspiré un vif désir de connaître vos devoirs et une
ferme volonté de les remplir. »

« Notre noble Université fera de vous, par une mâle
éducation, des citoyens, dans toute l'acception de ce
beau nom, d'un pays libre. »

*
* *

En philosophie, le professeur de mathématiques
n'évoquait les souvenirs chrétiens que pour les tourner

en ridicule. Parfois, lorsqu'un élève se trompait au tableau, il se signait ironiquement et murmurait : « Bonne sainte Vierge, protégez-le ! » Ou bien : « Comment ! vous ne trouvez pas la solution ? Mais les Frères ignorantins en seraient capables ! Ou encore : « Voyez-vous ce petit monsieur qui veut faire le malin avec moi, avec son petit air hypocrite ! On voit bien qu'il a été élevé par les curés ! »

Comme une épidémie régnait en ville : « Les élèves des Jésuites, dit l'un de nous, sont licenciés. — On ferait bien de les licencier tout à fait ! répliqua brutalement le professeur. Allez ! nettoyés ! Pst ! à la porte ! Si c'était moi, ce ne serait pas long ! Je ferais un petit décret ainsi conçu : « Les fonctions de l'État sont interdites à quiconque « ne pourra justifier d'avoir fait toutes ses études dans un « lycée. » La République est par trop bonasse : elle se laisse manger la laine sur le dos ! De la poigne ! Si on en avait davantage, tout marcherait mieux ! Mais que de difficultés à cause des Jésuites ! Ils sont partout : ils infestent l'armée, la magistrature, les administrations ! Eh bien ! j'interdirais à leurs élèves l'accès des grandes écoles de l'État, Saint-Cyr, Polytechnique ! je fermerais leur collège des Postes, à Paris, et tous leurs collèges ! Vous ne voulez pas de notre gouvernement? Pas besoin de son argent, alors! Ah! Ah! vous verriez leurs têtes à tous ces petits messieurs des Jésuites!... On dit, on dit: « Mais enfin, sous le régime de la liberté, « chacun peut penser comme il l'entend... » Oui, très bien! mais chez soi! Autrement, rasé!... Et puis, il faut que la femme marche, comme l'homme! Un fonctionnaire se ramollit forcément, à subir l'influence d'une femme qui est toujours à l'église à faire des génuflexions et qui en rapporte le mot d'ordre de son confesseur! »

Un élève, voulant s'excuser d'une erreur : « Ah! Monsieur, je croyais... » Le professeur de mathématiques l'interrompit brusquement : « Je croyais! je croyais!... Qu'est-ce que cela signifie, croire? La croyance! une névrose!... Moi, je ne crois à rien! Croire est absurde!... Je sais bien qu'il y a des gens qui ont une tendance naturelle au mysticisme : y a un bon Dieu par-ci, y a un bon Dieu par-là, et patati, et patata. On se monte la tête, on se frappe l'imagination, on finit par éprouver des hallucinations, par croire à ses visions!... Est-ce que vous seriez enclin au mysticisme? Mais, bon ami, faut vous faire moine! Vous verrez la bonne Sainte Vierge, et puis les saints, comme Jeanne d'Arc! Et puis on fera de vous un saint !... »

La moquerie a une action très puissante sur l'enfant, l'adolescent, sur tant d'adultes dont l'esprit reste jeune. A elle seule, la raillerie peut défaire ce qu'une instruction sérieuse a fait. A plus forte raison, lorsqu'elle s'ajoute à un enseignement qui poursuit méthodiquement son but de déchristianisation. Les universitaires chargés de nous enseigner l'histoire, les sciences naturelles, la philosophie, y conspiraient de leur mieux.

Le jour même de la rentrée, le professeur d'histoire nous lisait un long article de journal qui, sous couleur de retracer la lutte de Michelet et des Jésuites, se livrait contre ceux-ci aux plus vives attaques. Nous nous rendions parfaitement compte qu'il convenait d'étendre à tout le clergé les critiques adressées aux Jésuites : pour nous, tout prêtre était un jésuite; tout laïque qui allait à la messe était un jésuite. Le programme de l'année comprenait la Révolution et l'histoire contemporaine. Le professeur appliquait à la Révolution la théorie du bloc : 93 était aussi admirable que 89; Robespierre avait eu raison de se défendre énergiquement contre ses ennemis; « le sang qu'on lui reprochait d'avoir versé a sauvé la nation menacée par la coalition des rois ; c'est en terrifiant, à l'intérieur, les contre-révolutionnaires, qu'il a sauvé la France. La Restauration et la Monarchie de Juillet étaient exclusivement décrites comme des entreprises réactionnaires. Napoléon Ier n'était qu'un ambitieux ; Napoléon III, qu'un aventurier : « Il viola le serment prêté à la Constitution républicaine de 1848 ; n'oubliez jamais ce parjure ; on alléguera qu'il obtint sept millions de suffrages ; sans doute ! mais on avait fait fonctionner les urnes à double fond. »

Constamment, le clergé nous était montré associé à la noblesse pour faire la guerre aux libertés publiques, entraver la marche du progrès. On nous le désignait comme le soutien du trône et l'ennemi du peuple. Les Jésuites étaient qualifiés de « fauteurs de désordre et de corruption », d' « ennemis du pays » ; il nous les dénonçait comme « menant toujours une campagne ardente en faveur des idées cléricales ». La fermeture de leurs maisons était représentée comme un triomphe de la justice ; Michelet et Quinet étaient de glorieux libérateurs : « Les Jésuites n'avaient pas d'existence légale ; ils étaient rentrés peu à peu après 1830 ; il fallut agiter l'opinion pour obtenir que l'on se décidât à agir contre

eux ; par bonheur, à cette époque, la bourgeoisie était
très libérale ; elle n'avait pas encore renié l'esprit voltai-
rien ; aussi applaudit-elle aux mesures prises contre les
Jésuites dont les doctrines rétrogrades étaient en désac-
cord avec les institutions du pays. En cette matière,
comme en toute autre d'ailleurs, Napoléon III a commis
une faute très grave : il a accordé la liberté de l'enseignement. L'enseignement ne devrait jamais échapper
à l'État : c'est pour lui un droit inaliénable de former
des citoyens. Mais, en 1850, et sous l'influence des
évêques à la surveillance desquels l'Université était
elle-même soumise, ce droit fut abandonné par l'État.
Dès lors, l'esprit jésuitique s'implanta avec assez de
force dans le pays pour provoquer les réclamations violentes qui accueillirent, sous la Troisième République,
les décrets de Jules Ferry. »

*
* *

Lorsque notre professeur arrivait à l'histoire de la
Troisième République, toutes les critiques se changeaient
en éloges : le gouvernement de Gambetta, de J. Ferry
et de leurs successeurs devenait l'idéal des gouverne-

ments. Il proposait à notre admiration la politique anticléricale et justifiait, après les décrets contre les congrégations, les mesures de rigueur prises contre le
clergé séculier: l'interdiction des processions, la suppres-
sion des Facultés de théologie catholique, des traitements
particuliers des cardinaux et des chanoines, « c'était
simplement s'en tenir au Concordat; selon le Concordat
encore, les évêques ne doivent se permettre aucune
critique à l'adresse du gouvernement; voilà une règle
qu'ils devraient observer plus souvent qu'ils ne font.
S'il se produit, et dans tous les États, tant de conflits
entre le pouvoir civil et le pouvoir religieux, c'est que
tous les États font des lois que n'approuve pas l'Église,
et que, d'après les encycliques des papes, lorsque la loi
civile s'oppose à la loi religieuse, les catholiques doivent
obéir seulement à cette dernière. Mais il est évident que,
dans la plupart des cas, l'esprit moderne, qui progresse
toujours, ne peut s'accommoder de l'esprit de l'Église qui,
lui, n'avance pas. »

*
* *

A la fin de l'année de rhétorique et de philosophie, on
nous donnait en prix la *Jeanne d'Arc* de Joseph Fabre.

L'auteur, un franc-maçon, y proclame que, dans l'histoire de la Pucelle, « tout est merveilleux, rien n'est miraculeux (1) ». « Qu'est-ce qui avait suscité Jeanne ? La grande pitié qui était au royaume de France (2) », et non pas Dieu. « Jeanne vivait à une époque de petite science et de grande mysticité où l'intervention du surnaturel servait à tout expliquer. A Domrémy, comme ailleurs, il n'était bruit que de prophéties, d'extases, d'apparitions se produisant sur tous les points de la France. Il n'est pas extraordinaire que, dans un milieu ainsi préparé, Jeanne ait attribué à des visions et à des voix, auxquelles elle a cru fermement, les inspirations de son âme héroïque (3). » « L'héroïne à qui Athènes eût dressé des autels, Rouen lui a dressé un bûcher ; et, dans cette France où trente millions de catholiques sont censés fêter tous les ans un saint Euloge, un saint Guy, une sainte Scholastique, il n'y a pas une fête de la Pucelle. C'est que, terrible aux-Anglais et rebelle aux théologiens, Jeanne avait personnifié en soi deux nouveautés suspectes : le culte du sol national et la liberté

(1) *Jeanne d'Arc*, par J. FABRE, p. 266.
(2) *Jeanne d'Arc*, préface, p. I.
(3) *Jeanne d'Arc*, par J. FABRE, p. 197.

de conscience. Double titre pour être suppliciée alors. Double titre pour être glorifiée aujourd'hui (1). » Un ouvrage conçu dans un tel esprit était conçu dans l'esprit de l'Université : il continuait trop bien le lycée pendant les vacances pour qu'il ne fût pas donné comme récompense scolaire.

.

Le professeur de sciences naturelles ne nous présentait pas l'hypothèse transformiste comme une vérité scientifique acquise, mais il nous enseignait les sciences naturelles de façon à nous faire accepter cette hypothèse comme l'indiscutable réalité ; même lorsqu'il était invisible, le transformiste était encore présent. Le professeur ne disait pas : la vie et la pensée sont fonction de la matière et s'en dégagent progressivement ; d'un ancêtre commun disparu descendent le singe et l'homme. Il évitait de heurter brutalement d'autres opinions. Il laissait seulement pressentir les siennes et aiguillait vers elles nos sympathies. Chaque fois qu'il en pouvait saisir l'occasion, il nous assurait avec insistance que les diffé-

(1) *Jeanne d'Arc*, préface, p. III.

rentes espèces végétales et animales offrent entre elles
tous les dégrés de transition et qu'il est toujours possible
de passer de l'une à l'autre; il concluait qu'il n'y a pas,
entre les types spécifiques, de différence véritable. Il
n'avait que trop raison de croire à l'efficacité de sa
dogmatique cachée : des esprits, aussi bien préparés, et
d'aussi longue date, que les nôtres, ne pouvaient même
tenter de résistance. Aussi, par instants, abandonnait-il
la tactique prudente destinée à déguiser auprès des
ennemis du dehors la marque véritable qu'il imprimait
en nous; parfois le masque tombait : « S'il y avait,
disait-il à l'un de ses cours, des causes finales, et par
suite un esprit créateur et ordonnateur de l'univers, il
n'y aurait rien d'inutile dans la création. Comment se
fait-il donc, qu'étudiant le squelette humain, nous cons-
tations la présence, au fond de la mâchoire, de dents
inutiles et que même elles ne poussent pas toujours? »
Et, en répétition particulière, à un de ses élèves : « Cela
seul est certain qu'enseignent les sciences exactes. La
philosophie, qui se laisse aller à rechercher la cause du
monde et de la pensée ailleurs que dans les forces naturelles, est nuageuse, incertaine; on y peut prouver
n'importe quoi. Une seule philosophie offre tous les

caractères de la certitude : celle qui s'appuie sur les découvertes des sciences physiques et naturelles, sur la physiologie, par exemple, celle qui fait de la chimie mentale, car la pensée n'est qu'une fonction du cerveau. »

Ce professeur aurait sans hésitation accepté la philosophie positiviste que nous enseignait son collègue de philosophie (1). Au terme de nos études, en effet, on nous exposait dogmatiquement la doctrine que depuis dix ans on nous avait fait pratiquer et que l'on avait insinuée dans notre esprit. Nous quitterions le lycée, acquis à la théorie jugée la plus propre à inspirer notre activité d'homme. On nous dotait d'une foi nouvelle, on armait définitivement notre raison contre les idées chrétiennes que le corps enseignant avait mission de ruiner en nous. Notre professeur nous enseignait qu'il n'y a de connaissables que les phénomènes naturels, et de science possible que celle de ces phénomènes. La philosophie ne peut donc être qu'une généralisation des

(1) Dans un discours, Gambetta parlait en ces termes du positivisme : « Là seulement les jeunes gens trouveront une philosophie appropriée à leurs besoins; ce sera pour eux la moelle des lions. » (21 avril 1881).

autres sciences, et aussi une psychologie et une morale qui empruntent aux autres sciences leur méthode et leur esprit. Dieu n'est ni réel ni pensable. Nous n'avons pas d'âme, au sens où l'entendent la métaphysique spiritualiste et la théologie chrétienne, et nous ne sommes pas libres. Il est absurde d'imaginer un monde surnaturel, une immortalité personnelle, des sanctions d'outre-tombe. Le monde sensible limite notre pensée et nos espérances. Nous ne pouvons d'ailleurs saisir que des relations entre phénomènes, atteindre qu'à une vérité relative, provisoire, toujours changeante. La théorie de l'évolution a un caractère éminemment scientifique ; elle seule explique d'une manière satisfaisante l'origine de la vie ; elle n'est peut-être pas encore rigoureusement démontrée, mais elle tend de plus en plus à l'être, et, dès maintenant, un esprit éclairé ne peut lui refuser son adhésion. Elle nous montre qu'il y a de l'ordre dans les choses, parce qu'un universel déterminisme les régit. Il n'y a de véritable athée que celui qui nie toute nécessité dans la nature. Mais celui qui affirme l'existence des lois, d'un principe directeur immanent, d'un Idéal, le moniste, est tout aussi bien déiste que celui qui affirme l'existence d'un Dieu personnel. Par ce sophisme, le professeur visait à dégager de toute croyance au Dieu vivant l'élève qui aurait pu garder par hasard quelque répugnance pour un athéisme brutal. Puis il s'élevait contre cette objection que l'évolutionnisme détruisait toute morale : « Qu'est-ce que cela peut faire que l'homme descende ou non du singe? Il est homme actuellement. Cela suffit pour qu'il se conduise en homme. » Et il nous exposait une morale fondée à la fois sur l'intérêt social et sur l'évolution. « Cette morale, disait-il, est essentiellement altruiste, puisque le bien de la société lui sert de base. Or, j'ai trouvé, dans la *Somme de théologie* de saint Thomas d'Aquin, cette formule : l'homme doit s'aimer plus que son prochain (1). Je vous laisse le soin de conclure. » « Il est dangereux, ajoutait-il, de fonder la morale sur une métaphysique ou sur un dogme, puisqu'alors il n'y aura plus de morale pour ceux qui n'adopteront pas l'une ou ne croiront pas à l'autre. On se plaint aujourd'hui de la diminution cons-

(1) Saint Thomas professe-t-il véritablement cette opinion ? Ce serait fort surprenant, car l'Évangile nous ordonne d'aimer notre prochain comme nous-mêmes. En tout cas, l'opinion de saint Thomas n'engagerait que saint Thomas; et notre professeur, en attaquant saint Thomas, visait l'Église.

tante de la moralité, et l'on en accuse injustement le
darwinisme, le matérialisme, le positivisme : on ne se
rend pas compte qu'il en est ainsi parce que, depuis
dix-huit siècles, on s'est habitué à rattacher la morale à
une religion qui disparaît tous les jours davantage. » Et,
prenant l'offensive contre la morale chrétienne, il enseignait que le dogme de la damnation éternelle est irrationnel, qu'une faute ne peut être rachetée ou expiée
par la souffrance, que la vie monastique est nuisible à la
société, que la casuistique des « bons Pères » est hon-
teuse; il justifiait le divorce; il nous prêtait des livres
favorables à ses doctrines. Ces idées nous étaient exposées suivant une gradation savante : à des jeunes gens
ignorant tout de la philosophie, les premières leçons
laissaient mal deviner leurs tendances; l'esprit s'en pré-
cisait peu à peu, et c'est vers la fin de l'année, lorsque
le professeur se sentait maître de nos pensées, qu'il se
livrait à ces attaques directes contre les principes essen-
tiels de la foi de notre enfance (1).

(1) L'idée évolutionniste nous était donc présentée comme
l'idée centrale de la science et de la philosophie, et comme
une conquête définitive. Or, sous cette forme, elle est aussi
contestable que contestée, et, dès cette époque, le mouvement

**

Au nombre d'une trentaine, nous avions passé à travers les différentes classes du lycée. Lorsque, nos études finies, nous l'avons quitté, un seul restait chrétien. Au prix de quelles luttes, il le sait ; et d'une foi qui demeurait si peu sûre que, pendant plusieurs années encore, il devait connaître les angoisses du doute.

des idées scientifiques et philosophiques lui était hostile. On se rendait déjà compte de tout ce qu'il y a d'artificiel dans le transformisme, et qu'il comporte des inconnus que non seulement nous n'avons pas dégagés, mais qu'il semble bien que nous ne pourrons dégager jamais. Cette hypothèse se heurte, de plus, aux constatations de l'expérience qui nous montre précisément la fixité des espèces comme le fait le plus général, et l'impossibilité de passer d'une espèce animale à une autre espèce comme à peu près absolue. Enfin l'idée avait commencé déjà à se faire jour que nous ne pouvons disposer, comme le croyait Darwin, d'une somme indéfinie d'années, que l'hérédité n'a pas l'importance qu'on lui attribue, et qu'enfin il est dans la nature tant de variations brusques qu'il faut bien admettre qu'elle fait des sauts. Quant à la philosophie que l'on nous enseignait, elle n'était que le reflet de ces hypothèses scientifiques très incertaines et bien près aujourd'hui d'être caduques. On se gardait de nous dire que la pensée contemporaine s'orientait vers le pragmatisme scientifique, vers une philosophie de l'indéterminisme universel, de la contingence des lois de la

Ces souvenirs remontent à un assez long temps déjà. Depuis cette époque, l'enseignement des lycées est devenu plus agressif. L'application des lois contre le droit d'association, en faisant disparaître la concurrence de tant de collèges libres, a diminué ce qui restait de prudence à nos ennemis.

nature. On nous abreuvait de sophismes, comme celui-ci : qu'il faut rejeter une morale basée sur le dogme, parce que ceux qui ne croient pas à ce dogme seront privés de morale. Or toute morale s'appuie nécessairement sur quelque doctrine, et la morale que l'on nous proposait, reposant, elle aussi, sur une certaine conception des choses, était caduque pour quiconque rejetait cette conception. En réalité, nous étions les prisonniers d'un système officiel d'idées scientifiques et philosophiques que l'on nous enseignait comme plus aptes à chasser définitivement de notre esprit jusqu'à l'ombre même des croyances que l'on s'était proposé de détruire.

II

D'AUTRES FAITS

Des faits analogues m'ont été rapportés par des amis qui avaient poursuivi leurs études dans d'autres lycées.

Un professeur de sciences vantait à ses élèves la supériorité de l'éclairage électrique : « Du gaz à l'électricité, quel progrès ! Aussi emploie-t-on de plus en plus cette dernière; lorsque j'étais jeune homme, Bullier s'éclairait au gaz; j'y suis retourné l'autre jour : éclairage électrique ! » Il se plaisait, entre deux démonstrations, à les entretenir des délicieux petits trottins et à leur en vanter les charmes. Les souvenirs du passé lui revenaient alors en mémoire; il se laissait glisser aux confidences : « J'ai connu très intimement une petite blanchisseuse fort jolie... »

Leçons pratiquées ! Le dimanche soir, à l'heure de rentrée des lycées parisiens, on peut voir de nombreux internes venir jusqu'au seuil même de l'établissement au bras de filles publiques. D'ailleurs, sur semaine, à l'heure des récréations, n'importe qui peut demander les internes au parloir. Les familles sont empêchées de contrôler les relations de leurs enfants, et le lycée ne les contrôle pas. Dans les collèges religieux, seules, les personnes indiquées par les parents peuvent voir les élèves.

Un autre professeur de sciences, en classe de rhétorique, se livrait à toutes sortes de jeux de mots grossiers et lubriques : « Soit la ligne C, U, ... cul... tout nu... » Et il se tapait sur le derrière. Il choisissait pour coefficient la lettre Q et disait : « Messieurs, je prends mon Q, je saisis mon Q... » Dans son cours d'acoustique, il imaginait des calembours aussi inconvenants que faciles, par exemple sur les verges ; parlant de la lunette de Galilée qui permet de voir la lune à l'envers, il la déclarait fort utile pour regarder une jeune fille. Il commençait l'étude des phénomènes de chaleur par cette déclaration : « Messieurs, nous allons entrer en chaleur... » d'un ton qui en soulignait le double sens.

Dans ce même lycée, l'inconduite du professeur d'histoire était notoire : ses élèves s'amusaient à le filer, le soir, lorsque dans la rue il se mettait à suivre une femme.

Dans un autre établissement, un maître d'étude avait déclaré aux internes : « Je préviens les élèves qui suivent le catéchisme et se préparent à manger le bon Dieu, qu'ils devront à l'avenir présenter des devoirs irréprochables ; sinon, je sévirai contre eux avec la dernière rigueur. Je me moque du catéchisme et de toutes les bêtises qui découlent de cet enseignement ! » Le professeur d'histoire déclamait contre le catholicisme à propos de la Saint-Barthélemy. Le professeur de littérature s'étonnait que des hommes de génie comme Bossuet et Fénelon fussent entrés dans les ordres : « On ne se fait curé que pour vivre de ses rentes. » Il déclarait Bossuet et Fénelon très inférieurs à Diderot et Voltaire, attribuait cette infériorité à l'état ecclésiastique, exaltait les encyclopédistes et philosophes du xviiie siècle « dont les idées doivent être pour la jeunesse française un précieux héritage ».

L'élève qui me contait cela avait été chrétiennement élevé par sa famille. Ces propos l'avaient indigné. Il suppliait qu'on le retirât de cet établissement. Mais son

père ne voulait pas croire que tel pût être l'enseignement reçu. « Je sais bien ce que sont les lycées, répé-
tait-il avec obstination ; j'y ai fait mes études sous
l'Empire ! » Il lui fallut cependant bientôt se rendre à
l'évidence. Comme le professeur de sciences naturelles
enseignait formellement le transformisme en le com-
mentant contre le dogme, ce jeune homme, interrogé,
refusa de répéter le cours, déclarant qu'il n'en admettait
pas les conclusions. Le professeur, furieux : « Vous avez
donc l'esprit bouché pour ne pas comprendre la démonstration si forte, si décisive que j'ai donnée?... Vous serez
puni de consigne ! » A la récréation suivante, tous les
camarades du jeune lycéen, que depuis longtemps
d'ailleurs ils traitaient avec mépris de clérical et de
jésuite, l'attachèrent à un arbre, ouvrirent sa veste et sa
chemise, lui arrachèrent la médaille qu'il portait sur la
poitrine et, lâchement, l'accablèrent de coups. Le surveillant de service assista à la scène sans intervenir. Sa
famille se décida alors à le retirer du lycée.

Si les journaux tenaient ouverte en permanence une
enquête sur l'enseignement des lycées, ils pourraient
publier des milliers de faits significatifs. On n'y trouve
que de loin en loin quelques informations de cette nature.

La Croix, du 1ᵉʳ juillet 1899, dénonçait l'esprit dans lequel, au lycée, était enseignée l'histoire :

« Celui qui écrit ces lignes a été, pour son malheur, élevé par l'Université. Il sait donc quelle histoire frelatée est présentée, à de très honorables exceptions près, aux élèves des lycées. Il sait comment, dans les établissements de l'État, sont traitées l'histoire de la Réforme et celle de la Révolution. Il sait pourquoi, confiant dans le savoir et l'honnêteté de ses professeurs, jusqu'à l'âge de vingt-cinq ans, il a gémi en secret sur le rôle soi-disant sanglant, qu'aurait joué l'Église à travers les âges.

« L'histoire impartiale montre que le protestantisme, chaque fois que les circonstances le lui ont permis, a recouru à la force, aux plus atroces violences, pour faire adopter ses doctrines par les populations catholiques ; elle enseigne que nulle part le protestantisme, quand il a été en force, n'a accordé de tolérance au catholicisme, et que là où, comme en Angleterre, en Allemagne, dans les pays du Nord, en Suisse, il n'a pu l'étouffer dans le sang, il a fait peser sur lui, témoin l'Irlande, une oppression inconnue aux sujets chrétiens du Sultan.

« L'histoire impartiale montre encore que les moyens employés par le protestantisme dépassent infiniment tout ce que l'Inquisition a pu déployer de rigueurs, et qu'il y a telle année, dans l'histoire de la Réforme, où elle a versé plus de sang qu'il n'en a coulé durant tout le régime de l'Inquisition.

« Le massacre de la Saint-Barthélemy, le fanatisme des ligueurs, la révocation de l'édit de Nantes, les dragonnades, voilà ce dont parlent seulement les historiens universitaires ; ils cachent soigneusement les moyens employés par la Réforme pour triompher, et représentent les protestants comme de vrais agneaux, lisant paisiblement la Bible et ne demandant qu'une seule chose, la liberté de conscience, la paix.

« Quel est le traité d'histoire en usage dans les lycées qui relate le massacre des catholiques nîmois, connu sous le nom de *michelade* ? Il n'y en a pas un seul. Cette tuerie de catholiques, qui fut exécutée le 30 septembre 1567, un peu plus de quatre ans avant la Saint-Barthélemy, est complètement ignorée de l'enseignement officiel... L'Université est actuellement imprégnée de l'esprit pro-

testant... Certain professeur de lycée disait à ses élèves,
à propos de la prise d'une ville par les protestants :
« A peine vainqueurs, les protestants proclamèrent la
« liberté de conscience. Tous les cultes sont libres,
« disait l'édit qu'ils firent publier à son de trompe. »
L'honnête professeur oubliait seulement d'ajouter que
le fameux édit contenait un article 2 ainsi conçu : « Qui-
« conque dira ou entendra la messe sera puni de mort ».
Voilà l'impartialité universitaire !

« Quand de la Réforme on vient à la Révolution,
mêmes omissions, mêmes mensonges. On insiste sur ce
fait que la Révolution a proclamé la liberté de conscience, et que, pour cela seul, nous lui devrions une
reconnaissance éternelle. Mais on cache systématiquement que ce fameux gouvernement libéral n'a reculé
devant rien pour abolir le culte catholique en France,
livrant à l'échafaud quiconque était surpris assistant à
la messe ou avait été dénoncé comme seulement cou-
pable du crime abominable d'avoir chômé le dimanche,

« Le professeur qui, dans les leçons précédentes,
avait gémi sur le triste sort fait aux protestants après la
révocation de l'édit de Nantes, et avait dénoncé les dragonnades à l'indignation de ses élèves, ne trouve pas de

paroles assez dures pour flétrir les Vendéens qui pourtant, eux aussi, n'avaient pris les armes que pour défendre la liberté de conscience. Ces misérables, ces brigands, voulaient rester catholiques.

« La tendance particulière de l'enseignement historique mensonger donné par l'Université est facile à découvrir : ne jamais parler de l'Église que comme d'une institution humaine, faisant systématiquement abstraction de sa mission divine ; bien mettre en relief tout ce qui peut nuire à l'Église ; toujours lui donner tort, et raison à ses ennemis ; insinuer aux jeunes gens le mépris des institutions cléricales, et, pétrissant ainsi les cerveaux si malléables encore des enfants qui lui sont confiés, provoquer la rupture des liens qui les unissent à l'Église. »

L'Écho de Paris, du 27 juin 1908, citait ces extraits d'un cours d'histoire professé à des jeunes gens de quinze ans dans un lycée de Paris :

« Pendant longtemps on a cru que Dieu avait créé l'homme. Mais les récentes conquêtes de l'évolutionnisme... »

« La Renaissance a succédé à l'époque de barbarie

chrétienne : le christianisme avait paralysé les arts, les sciences et les lettres... »

« Le christianisme, c'est la lutte contre le beau dans la nature, puisqu'il déclare la guerre à tous les penchants de l'homme... »

« Luther avait bien raison de se révolter contre l'Église : la foi impose la croyance à l'absurde... »

Le 14 octobre 1908, le même journal reproduisait ce fragment de l'*Histoire de France* de MM. Bouniol, professeur au lycée Janson-de-Sailly, et Behr, inspecteur de l'enseignement primaire :

« *Sur Pie X.* — Les cardinaux n'approuvaient pas la politique prudente de Léon XIII. A sa mort, ils voulurent choisir un pape plus fanatique. En outre, ils détestaient la France, et ils élurent un ami de l'Allemagne, Sarto, qui prit le nom de Pie X. Celui-ci entra promptement en lutte contre la République. Il obligea deux évêques à démissionner, parce qu'ils étaient républicains. Le président Loubet étant allé, à Rome, rendre au roi d'Italie une visite qu'il avait reçue, le pape déclara en termes très vifs que la présence d'un chef d'État catholique dans l'ancienne capitale des États de l'Église était une insulte à la papauté. La France rompit alors toutes relations avec Pie X, et l'on vota la loi de 1905 qui sépara l'Église de l'État. Cette loi, très libérale et très prudente, fut cependant maudite par le pape qui voulut y voir une odieuse persécution. » (71ᵉ Lecture, p. 292.)

Le 22 juillet 1907, *le Petit Journal* signalait le choix, comme texte de version latine proposé aux candidats au baccalauréat dans une Faculté de province, d'un passage des *Saturnales* de Macrobe, « rempli d'allusions inconvenantes et qu'on n'eût jamais dû mettre sous les yeux de jeunes gens de dix-sept à dix-huit ans ».

Le jeudi de l'Ascension, 28 mai 1908, des professeurs du lycée entraînaient leurs élèves en excursion sur le plateau d'Alésia. *Le Matin*, du 29 mai, rendait compte du « pèlerinage universitaire » en ces termes :

« Les éducateurs véritables déplorent la sécheresse de notre enseignement. Ils disent avec raison qu'il faut changer nos méthodes classiques et substituer... le langage vivant de la nature à l'abstraction du livre. Depuis la grande enquête parlementaire, l'Université... revient à la culture des saines réalités. Ces réflexions s'imposaient à moi, ce matin, dans le train spécial qui nous emportait... vers des lieux sanctifiés par l'histoire.

« Une foule de collégiens, grossie à chaque station, de proviseurs, de professeurs de faculté et de lycée, en tout douze cents personnes, allait faire un pèlerinage à Alise-Sainte-Reine, l'antique Alésia... C'est le Touring-Club qui organisait cette pieuse excursion...

« A midi, la caravane juvénile débarquait à la gare des Laumes, juste pour s'asseoir autour des tables d'un banquet frugal... Puis l'on se prépara allègrement à l'ascension du mont Auxois. Elle fut exquise, cette ascension faite au jour fixé par la légende chrétienne... »

Au pied de la statue de Vercingétorix, M. Matruchot, professeur à l'École normale, retraça le dernier épisode de la lutte du héros gaulois contre César. « Il termina par un hymne de patriotisme. »

« ... Le soleil baissait sur les coteaux violets quand la foule des excursionnistes, saturés de passé, redescendit la pente fameuse. Cette folle jeunesse avait pris tout de même de cette leçon un peu de gravité. Et, après un nouveau banquet où M. Boirac, recteur de Dijon, célébra les mérites d'Alésia et du Touring-Club, on remonta dans le train de Paris, le corps vivifié par une journée au grand air et l'esprit enrichi de deux ou trois notions plus solides que les pâles souvenirs des manuels d'histoire. »

Ainsi fut célébrée par l'Université la grande fête de l'Ascension du Christ : « pèlerinage à l'antique Alésia », « pieuse excursion », « ascension du mont Auxois au jour « fixé par la légende chrétienne », « hymne de patrio-« tisme, célébration des mérites d'Alésia et du Touring-« Club », « corps vivifié », « esprit enrichi ». Sous couleur d'une excursion qui n'était pas obligatoire, mais que l'on savait devoir plaire, qui était présentée comme utile à la préparation des examens, et qui devait être interprétée comme susceptible de faire bien noter par leurs maîtres les élèves présents, on opposait à une solennité chrétienne la concurrence d'une cérémonie du culte positiviste des grands hommes, et l'on y faisait participer les fils de chrétiens. Au jour d'une des principales fêtes de l'Église, les lycéens étaient conduits sur les hauts lieux sacrifier aux vieilles idoles rajeunies.

Dans *la Libre Parole* du 30 mars 1896, on lisait que le F∴ Delpech, sénateur de l'Ariège, avait donné, au théâtre municipal de Vitry-le-François, une conférence sur Jeanne d'Arc, qu'il y avait « travesti l'histoire de la manière la plus odieuse, fait le procès du pape, des évêques, des prêtres, des congrégations, blasphémé Dieu et l'Église », et que l'on voyait, sur la scène, le principal du collège de garçons, dans la salle, les élèves du collège de garçons et du collège de filles accompagnés de leurs maîtres et maîtresses.

En 1809, le Congrès des professeurs de l'enseignement secondaire, dans sa quatrième séance présidée par M. Dontenvile, professeur à Lyon, assisté par Mlle Pitsch et M. Malapert, a discuté la question de l'enseignement de la morale et voté une motion qui contient ce considérant et ce vœu :

« Considérant que la morale pratique... a une base concrète et sociale qui permet au professeur de se tenir en dehors de tout dogme confessionnel, tout en respectant absolument la liberté de conscience et les différentes croyances qui peuvent être enseignées,... émet le

vœu que des conférences de morale d'un caractère essentiellement pratique soient instituées (en dehors des
cours réguliers), s'adressant aux élèves des différentes
classes, soit isolées, soit groupées, depuis la quatrième... (1). »

Or, dire que la morale peut être enseignée en dehors
du dogme, c'est affirmer l'inutilité morale du dogme,
par conséquent prendre parti contre la religion, ne plus
respecter la liberté de conscience. Demander que, entre
la cinquième classe et la classe de philosophie, les maîtres
donnent des leçons de morale pratique, c'est prétendre les
charger d'un catéchisme laïque de persévérance et habi-
tuer parents et enfants à la substitution du prêtre d'État
au prêtre d'Église dans la formation morale comme dans
la formation intellectuelle de la jeunesse. Dispensée de
la moralisation, comme de l'instruction, comme de toute
influence sociale, et bientôt de tout rôle de bienfaisance,
la religion ne serait plus nulle part, puisqu'elle aurait été
chassée de partout.

_

(1) Cité par *l'Eclair*, 10 avril 1899.

L'esprit antichrétien de l'Université inspire donc son enseignement oral, ses écrits, ses actes. Il se trahit encore dans les discours des solennités scolaires.

Présidant, en 1894, la distribution des prix du lycée Charlemagne, Jules Lemaître disait que nous sommes obligés « d'inventer nos devoirs envers nos semblables (1) ». L'Évangile ne nous enseigne donc pas ces devoirs ?

La même année, Brunetière, qui n'était pas encore converti, disait, à la distribution des prix du lycée Lakanal : « Croyons ce que nous pouvons... A défaut de croyance, faisons-nous une loi de ce besoin d'action qui est la loi même de l'humanité. » Et il rappelait l'exemple des morts illustres qui reposent « dans la paix de la gloire ou dans le calme profond du néant (2) ».

Vers cette époque, le professeur de philosophie du lycée de Nevers, ayant pris, pour sujet de discours de

(1) Cité par DE LA HUNIÈRE, *Pas d'épiscopat, A peine des évêques*, p. 184.

(2) Cité par DE LA HUNIÈRE, *Pas d'épiscopat, A peine des évêques*, p. 181-185.

distribution de prix, *Voltaire*, le proposait comme « un modèle » à la jeunesse. L'évêque écrivit à l'aumônier une lettre de protestation : « Le choix du sujet, la nature des développements, la forme sous laquelle ils ont été présentés me paraissent également regrettables. Ce discours aura produit, je n'en doute pas, sur les familles chrétiennes, la plus fâcheuse impression. Vous avez dû, pour votre part, vous sentir profondément blessé dans votre foi et votre patriotisme en entendant cet éloge de Voltaire, proposé comme un modèle à la jeunesse des écoles, et ces critiques formulées avec tant de légèreté contre des religieux qui, en fait d'éducation, ont donné assez de preuves de compétence pour que personne ne puisse en contester la valeur (1). »

A la distribution des prix du Concours général, le 30 juillet 1896, sous la présidence du Ministre de l'Instruction publique Rambaud, Paul Desjardins, professeur au lycée Michelet, développa cette idée que, si, dans l'antiquité, l'éducation s'appuyait sur l'idée de patrie, et, au moyen âge, sur la religion, aujourd'hui elle devait

(1) Cité par DE LA HUNIÈRE, *Pas d'épiscopat, A peine des évêques*, p. 187.

avoir pour base la science. Et Rambaud, prenant ensuite la parole, avait souscrit à cette conclusion en disant que, si l'éducation devait, en effet, assurer l'unité nationale en faisant l'unité morale, elle ne pouvait y parvenir en s'inspirant de la religion, puisque, au xvie siècle, l'unité religieuse de la France avait été brisée (1).

(1) *La Libre Parole*, 31 juillet 1896.

III

DANS LES FACULTÉS

L'enseignement des Facultés de l'État continue l'enseignement des lycées.

L'Université de Paris ayant institué, à la Sorbonne, pour les étudiants des diverses Facultés, une série de conférences, le professeur d'histoire Lavisse termina sa conférence d'ouverture, le 14 janvier 1809, par ces paroles : « Nous voir réunis dans ce grand amphithéâtre, professeurs, étudiants des différentes Facultés de notre Université de Paris, nous sentir *unis dans les mêmes pensées et dans les mêmes sentiments,* c'est pour moi un rêve, le plus cher de mes rêves enfin accompli. Car une grande partie de ma vie est employée à la création de ces universités qui doivent être et commencent à être, en même temps que des instituts scientifiques et des personnes intellectuelles, des personnes morales, *organes de la pensée libre, de la pensée laïque, de l'esprit en quête perpétuelle de vérités. Désormais, l'Église ne sera plus seule à parler en France ;* il ne faut plus qu'elle soit seule à parler (1). »

Il exprimait ainsi que l'Université doit être dressée contre l'Église, comme autel contre autel. Qu'il en soit ainsi, c'est un fait. Citer les professeurs d'histoire en Sorbonne qui de l'histoire font une arme de combat contre l'Église, qui altèrent les faits pour rendre le catholicisme odieux, serait nommer tous les professeurs d'histoire. Ils agissent chacun avec son tempérament particulier : si Aulard y met plus de franchise, Guignebert y perfectionne l'anticatholicisme sournois de la généralité de ses prédécesseurs.

Dans les conversations privées, la haine des universitaires pour l'Église apparaît profonde, irréductible. Le professeur de philosophie Séailles cherche à s'entourer de jeunes gens, à les attirer par une bonhomie apparente

______

(1) Cité par *l'Echo de Paris*, 17 janvier 1899.

et une affectation de familiarité, surtout s'ils proviennent de collèges religieux, et il tente, à la faveur du courant de confiance et de sympathie qu'il provoque, de devenir leur directeur de pensée, leur tuteur d'âme, pour les tirer plus sûrement hors du christianisme. Il tente de compenser, par ces façons socratiques d'accoucheur d'incrédulité, la quasi-nullité de ses cours. Dans ses leçons publiques, il s'est montré si agressif à l'égard du dogme catholique, dans ses conférences fermées si méprisant pour les étudiants ecclésiastiques que ceux-ci, afin de sauvegarder la dignité de leur robe, ont dû cesser d'y paraître.

« C'est à la Salpêtrière aujourd'hui, disait-il à propos des maladies de la personnalité, que l'on guérit, par des moyens très naturels et purement scientifiques, ces prétendus cas de possession diabolique que l'*on* affirme *ailleurs* pouvoir guérir par d'autres procédés. »

Ou encore :

« Les grands initiateurs de réformes humanitaires, Çakia-Mouni, Jésus... »

« Il est clair que j'entends le mot religion dans un sens très large : il ne s'agit pas des marchands d'images peintes du quartier Saint-Sulpice. »

« Soyons tolérants, sachons nous respecter, nous supporter mutuellement. Je ne suis pas avec ceux qui pensent préférable de supprimer tout d'un coup la religion. Il importe de ménager les transitions, de préparer la disparition des Églises, de remplacer peu à peu l'idéal, dont elles éclairent encore certaines âmes, par une conception nouvelle de la vie. »

« Réclamons le droit, mais défions-nous de la charité, de l'amour : c'est avec cela que l'on fait brûler ceux qui ne pensent pas comme nous ; on sait quelles Inquisitions et quels Torquemada suscitent les religions d'amour. »

« La question de l'enseignement est très complexe. On parle beaucoup de liberté d'enseignement. Il faut cependant reconnaître tout le mal qui résulte de ce qu'une partie de la jeunesse est livrée à des mains étrangères. Je ne suis pas un fanatique. Mais je dois reconnaître que l'État est, par sa nature, l'éducateur de la jeunesse. Seul il devrait distribuer une éducation, une instruction communes, des idées semblables, un même idéal. Après cela, allez à la messe si bon vous semble ! Nous ne prétendons restreindre la liberté de personne. Mais l'État doit veiller à ce que des idées hostiles aux siennes ne s'emparent de la jeunesse et ne fassent deux camps de la France. »

On imaginerait assez l'enseignement du droit étranger à ces polémiques. Il n'en est rien.

Un professeur de Faculté de droit disait à son cours :

« Évidemment l'homme descend du singe. Cela est acquis. Nul n'en doute aujourd'hui dans le monde savant. »

« On sait, aujourd'hui, que, contrairement à la croyance traditionnelle, le *Pentoteuque* n'a pas Moïse pour auteur. »

« Le christianisme, que vous êtes peut-être habitués à considérer sous un jour différent, fut simplement l'idée d'un vaste État embrassant l'humanité tout entière, au lieu d'être réduit aux limites étroites d'une cité. Le christianisme n'était qu'un mouvement socialiste. Les premiers chrétiens étaient de véritables socialistes qui attaquaient les religions païennes, non pas en se plaçant au point de vue religieux, mais au point de vue de la question sociale. Si l'on voit sur les cercueils des catacombes des emblèmes tout païens, comme Apollon chez Admète reproduit sous les traits du Bon Pasteur, c'est que le côté religieux était sans importance dans cette religion qui n'était qu'un mouvement social. De là aussi les attaques violentes auxquelles les chrétiens se livraient contre les autorités. Comment donc ce mouvement socialiste a-t-il pu aboutir à la fondation d'une religion ? C'est qu'ayant détruit la religion alors existante, les chrétiens furent tout naturellement conduits à la remplacer par une religion nouvelle, en empruntant au paganisme détruit ses emblèmes, ses rites, même parfois ses dogmes : le culte de Marie, par exemple, dérive du culte d'Isis (1). »

« La parole bien connue : « Rendez à Dieu », etc..., a été mise dans la bouche de Jésus. Mais elle n'est peut-être pas de lui. »

« Dans l'Inde, il y a aussi un christianisme : le

(1) On ne peut imaginer position de thèse plus contraire à la réalité historique. Les documents relatifs aux origines chrétiennes nous les font connaître sous un jour tout différent : l'unique préoccupation des choses surnaturelles et des biens spirituels emplit les Évangiles et les Épîtres. Il n'y a pas trace de spéculations d'ordre économique ou politique dans les écrits de saint Paul. Ce que ces ouvrages nous rapportent de l'Église dès les premiers temps nous montre que, loin de pouvoir continuer la religion païenne, elle ne pouvait se substituer

bouddhisme. La vie de son fondateur, Çâkya-Mouni, est tellement semblable à celle de Jésus que cette dernière n'est certainement que la reproduction de l'autre. »

« Il est probable que le créateur des idées chrétiennes, sinon du christianisme, Jésus, était affilié à la secte des Esséniens. Toujours est-il que, fait curieux qui n'apparaît pas dans les écrits orthodoxes, le succès du christianisme fut longtemps incertain : Apollonius de Thyane, philosophe, qui passait pour faire des miracles comme les autres apôtres, fut un vif et quelquefois heureux adversaire de Paul, le véritable fondateur du christianisme. Apollonius, comme Paul, recommandait de pratiquer la communauté des biens. Si Paul et ses disciples triomphèrent d'Apollonius, c'est que, dans la société romaine en décomposition, les idées étranges qu'ils apportaient frappèrent plus vivement les esprits.

à elle qu'à la condition de la détruire. L'analogie entre l'image du Bon Pasteur et celle d'Apollon chez Admète est un simple phénomène de convergence. Rapprocher le culte de Marie du culte d'Isis témoigne d'une ignorance égale de l'un et de l'autre. Les assertions rapportées plus bas sont aussi fantaisistes. Ces hypothèses arbitraires n'en étaient pas moins présentées comme exprimant les conquêtes récentes et définitives de la science.

Mais n'oubliez pas que c'est l'idée sociale, et non l'idée religieuse, qui dominait dans le christianisme : les chrétiens ne pensaient guère à détrôner des dieux déjà depuis longtemps abandonnés. Lorsqu'ils eurent conquis le pouvoir, ils oublièrent leurs idées sociales, se transformèrent en secte religieuse, et les évêques entrèrent dans les temples des dieux, empruntant aux prêtres païens leur costume, leurs rites et une partie de leurs croyances. »

Parlant des idées socialistes exposées dans le *Télémaque* par Fénelon, précepteur du Dauphin, ce professeur s'écriait : « Il faut tout l'esprit d'infatuation que le catholicisme inspire, pour enseigner de pareilles idées à un jeune homme qui, à dix-huit ans, pouvait les faire passer dans les institutions ! »

Quel effroyable mélange de mensonges historiques, de faits falsifiés, d'interprétations inexactes, d'hypothèses folles, d'assertions gratuites ! Quelles convictions peuvent être celles de jeunes gens qui, après les leçons du lycée, reçoivent les leçons des Facultés ! Qui donc encore a dénoncé cet abominable empoisonnement de la pensée? Qui s'inquiète de ce péril? Qui s'étonnerait maintenant de la diminution du nombre des fidèles et du succès qui accueille une politique ardemment antichrétienne?

IV

INFLUENCE DES PROTESTANTS
JUIFS ET FRANC-MAÇONS

A raison même de la composition du personnel enseignant, l'enseignement de l'État doit être hostile à l'Église : nombreux sont les protestants, les juifs, les francs-maçons qui instruisent la jeunesse. On les voit, d'ailleurs, faire partie d'associations politiques anticléricales, se jeter dans la lutte des partis, briguer les mandats politiques et poursuivre, dans les municipalités et au Parlement, l'application des programmes anticléricaux. Leur esprit, qui est l'esprit des lycées, a sa source dans les influences qui régnent sur les hautes sphères de l'Université : là sont formés les professeurs, de là viennent les initiatives.

Le Collège de France possède une chaire spécialement consacrée au positivisme et qui fut créée pour Laffitte, chef de l'Église positiviste, successeur d'Auguste Comte dans le pontificat de la religion de l'Humanité. La chaire d'histoire des religions était occupée par un ennemi de l'Église, Réville ; vacante depuis la mort de celui-ci, elle serait destinée, dit-on, à Loisy, à raison même de l'hérésie qu'il professe et de l'excommunication dont il a été frappé. On n'a pas voulu du P. Scheill au Collège de France parce que, si sa science est incontestable et s'il fait, en assyriologie, autorité, son orthodoxie est incontestée. On avait refusé de laisser Brunetière y occuper une chaire de littérature, parce qu'il avait fait publiquement profession de catholicisme. Thamin, qui avait été professeur suppléant, aurait dû, normalement, être titularisé : cette pratique constante n'a pas été observée à son endroit ; parce qu'il était connu pour ses convictions catholiques, on l'a exilé dans une Université de province.

L'administration universitaire veille, en effet, avec un soin extrême à écarter de Paris, et plus particulièrement de l'enseignement supérieur, tous les professeurs suspects de catholicisme. Accarias, aujourd'hui décédé,

avait été inspecteur des Facultés de droit : il racontait
que Liard, directeur de l'enseignement supérieur, s'opposait catégoriquement à ce qu'aucun professeur de
Faculté de province, noté comme catholique, fût appelé
à Paris ; il ajoutait qu'ayant une fois proposé la nomination à Paris d'un professeur dont, au cours de ses
tournées d'inspection, il avait constaté la haute valeur,
Liard s'y était refusé catégoriquement, et uniquement à
raison des convictions catholiques du candidat. Accarias, ne pouvant se résigner à l'idée qu'un aussi excep-
tionnel mérite ne recevait pas la consécration qui lui
était due, avait alors soumis directement le cas au
ministre ; le professeur fut nommé. Accarias rapportait
que Liard ne le lui avait jamais pardonné. On voit par
là comme un tel avancement était anormal, même à cette
époque — il y a une quinzaine d'années, — où le
gouvernement appartenait aux républicains modérés.

Liard est protestant. Pendant longtemps, les trois
directeurs de l'enseignement — primaire, secondaire
et supérieur — ont été protestants : Buisson, Rabier,
Liard. Les directions de l'enseignement ne quittent les
protestants que pour passer aux mains de libres penseurs
notoires et militants. Les hauts postes administratifs de

l'Université, les rectorats, par exemple, en province comme à Paris, sont très souvent confiés à des protestants. On peut citer Payot, bien connu pour son activité particulièrement haineuse à l'égard de l'Église. Paul Stapfer, qui fut doyen de la Faculté des lettres de Bordeaux, qui en est doyen honoraire, a publié, en 1907, un livre, *Questions esthétiques et religieuses*, dont la troisième partie est consacrée à « la crise des croyances chrétiennes ». Il estime que c'est « moins une crise que la fin toute naturelle et paisible d'une chose qui a l'air de mourir, simplement parce qu'elle a vécu assez longtemps (1) ». Aussi, d'après lui, la seule expression actuelle possible du sentiment religieux est-elle le protestantisme libéral, « dilution du christianisme, présentant l'avantage de réduire au minimum l'irrationnel sans se confondre entièrement avec la philosophie (2) ». Le catholicisme est « un cadavre..., une ruine (3) » ; les « personnes intelligentes » ne peuvent plus y croire, ou bien c'est par « faiblesse », ou « calcul », ou « ostentation »; et alors elles ne méritent « que du mépris ».

(1) P. STAPFER, *Questions esthétiques et religieuses*, p. 149-1 ..

(2) P. STAPFER, *Questions esthétiques et religieuses*, p. 202.

(3) P. STAPFER, *Questions esthétiques et religieuses*, p. 201.

Que peut être l'Université dirigée par de tels hommes ? Que peuvent devenir les enfants et les jeunes gens instruits par ces hommes ou par leurs créatures ? Il n'y a de crise dans la croyance chrétienne que parce que cette crise, qui est en eux, ils trouvent, dans une Université qui est à eux, un admirable moyen de la propager hors d'eux-mêmes. Entre un protestant et un libre penseur il n'est de différence que l'épaisseur d'un mot.

Si la direction est particulièrement protestante, elle a très favorisé la nomination de juifs. Les juifs ont silencieusement envahi le professorat, surtout dans les Facultés où ils tendent à accaparer l'enseignement des sciences et de la philosophie. Ils ont provoqué, au sein de l'Université, et avec la connivence des huguenots, une ardente propagande dreyfusiste, et ils ont profité du triomphe des partisans de Dreyfus pour occuper de nombreuses chaires. Lévy-Brühl, cousin de Dreyfus, dit-on, doit à ces circonstances d'enseigner la morale en Sorbonne : pour lui, la morale n'est autre chose que l'ensemble des usages moraux d'une société donnée à une époque donnée ; elle se modifie dans la mesure même où la pratique morale se modifie ; loin de s'imposer à nous comme un impératif, c'est elle qui subit les changements que nos désirs ou nos fantaisies lui imposent ; simple reflet de notre activité, elle se borne à en enregistrer les manifestations. Doctrine dont on peut aussi bien dire qu'elle est amorale ou qu'elle est immorale.

La libre pensée se distingue mal de la pensée juive et de la pensée protestante. Lorsque Compayré était recteur de l'Académie de Poitiers, il écrivait dans *la République française* un article élogieux sur Renan qu'il qualifiait d' « éducateur du peuple ». Un recteur de l'Académie de Douai, Nolen, écrivant, en tête de l'ouvrage de Barni, *la Morale et la Démocratie*, une notice sur l'auteur, rappelle son exclusion de l'Université en 1850, en accuse le cléricalisme, dénonce les dangers qu'il fait courir à la pensée et à la science, et loue vivement Barni de s'être fait l'apôtre d'une morale indépendante de la religion. A la Faculté des lettres de Lyon, Virolleaud, dans son enseignement de l'histoire des religions, nie l'existence historique de Jésus-Christ ; il n'y voit qu'un mythe solaire (1).

La franc-maçonnerie cimente les efforts des adver-

(1) Voir *l'Eclair*, 4 mars 1908.

saires de l'Église. Elle compte de très nombreux adeptes dans le corps enseignant. Parfois, ses agissements sont publiquement proclamés. Lors de la pose de la première pierre du nouveau lycée de Beauvais, Combes, qui était ministre de l'Instruction publique et des Cultes, dit dans son discours : « A l'époque où les vieilles croyances, plus ou moins absurdes et en tous cas erronées, tendent à disparaître, c'est dans les Loges que se réfugient les principes de la vraie morale (1). » Et cela se passait en un temps où nous étions gouvernés par la fraction modérée du parti républicain.

*
* *

Rien ne trahit mieux l'âme véritable de l'Université que la composition et l'activité de la section religieuse de l'École des Hautes-Études, qui a remplacé, en Sorbonne, l'ancienne Faculté de théologie catholique. Dans l'énoncé des cours pour 1897-98, l'explication de Job était placée sous la rubrique « Religions (au pluriel) d'Israël et des *Sémites occidentaux* »; l'explication de la vie du patriarche Isaac est mise en sous-titre de cette formule :

(1) *Le Soleil,* cité par *la Croix,* 31 mars 1896.

« Religion de l'Égypte », ce qui équivaut à faire du judaïsme le dérivé des légendes égyptiennes ; la religion catholique était enseignée sous ce titre, indicateur de l'évolutionnisme qui inspirait le cours, *Histoire des dogmes*, et par un protestant libre penseur, Albert Réville ; l'histoire de l'Église était enseignée par Jean Réville ; l'histoire de la littérature chrétienne, par le protestant Sabatier ; le droit canon, par un homme très nettement hostile à l'Église, Esmein ; le livre de Job était expliqué par un libre penseur militant, Vernes. Par contre, l'enseignement du judaïsme talmudique et rabbinique était confié à un juif, Israël Lévi. L'abbé Duchesne et le P. Scheill n'étaient chargés ni de la dogmatique, ni de l'exégèse ; mais l'un, des Antiquités chrétiennes ; l'autre, de la Philologie et des Antiquités assyriennes, et ils ressortissaient non de la section des sciences religieuses, mais de la section des sciences historiques et philologiques. On relevait, dans les deux sections, des noms comme Finot, Guieysse, Havet, Halévy, S. Lévi, Psichari, Berthelot, Maspéro, bien connu par son hostilité contre les idées chrétiennes, le protestant Monod qui a formé la plupart des professeurs d'histoire des lycées.

Or, il y a dix ans, l'École des Hautes-Études poursuivait depuis longtemps déjà la guerre contre le catholicisme. Depuis cette époque, sauf les vides faits par la mort ou par des nominations à d'autres postes et qui ont été comblés par des individus dont on était sûr en haut lieu, rien, à l'École des Hautes-Études, ne serait changé si son activité irréligieuse ne s'était accrue au point qu'il soit question de lui permettre de s'exercer dans le domaine de l'enseignement secondaire : on parle de créer dans les lycées, sous couleur de cours d'histoire des religions, un véritable catéchisme antichrétien.

Poursuivi devant le Conseil académique pour propagande patriotique dans et hors le lycée, alors que ses collègues propagandistes des idées dreyfusistes n'étaient pas inquiétés, le professeur Syveton, présentant sa défense devant les juges qui allaient le condamner à un an et un jour de suspension, qualifiait d'admirable façon l'esprit de l'enseignement universitaire :

« Ceux qui ont porté à l'Université le plus grave préjudice... sont ceux dont tout dépend dans l'Université : directeurs des trois ordres d'enseignement, titulaires des chaires de la Sorbonne et du Collège de France,

chefs des grandes écoles, et d'autres plus puissants
encore, bien que leur action soit quasi-clandestine, ceux
qui remplissent dans l'Université tant de fonctions et si
diverses qu'on ne sait plus où les classer, véritables
factotums, délégués à tout, mêlés à tout, grands dispen-
sateurs de grades, de promotions et de places, qu'on
retrouve à la fois à l'École des Hautes-Études où ils
enseignent, à l'École normale où ils n'enseignent pas,
aux comités des travaux historiques et scientifiques où
ils font leur correspondance, dans les commissions où
ils siègent, et qui, là où ils ne sont pas, sont représentés
par des cousins, des frères, des neveux, si bien que leur
nom, avec des prénoms différents, figure sept fois à la
table des matières de l'*Annuaire de l'Instruction publique*... Nous savons très bien pourquoi certains chefs de
l'Université de France sont si peu des Français. C'est
que, d'abord, ils n'ont pas été choisis comme ceux que
leur savoir, leurs dons scientifiques ou littéraires, ou
encore leur aptitude administrative, désignaient le
mieux pour guider dans ses voies naturelles le génie
français, mais bien comme les plus aptes à dénaturer
ce génie et à le plier nous savons bien à quel idéal
cosmopolite. Ils ne sont pas l'émanation et la floraison

de la nation. Ils sont la délégation d'une secte internationale. Cette secte, elle est maçonnique, elle est protestante, elle est juive, et elle est une. Il y a vingt ans qu'elle s'est emparée de tout en France, et de l'Université comme du reste. Comme le pays lui-même, l'Université est gouvernée par des adeptes de la doctrine secrète et internationale de la maçonnerie, par des protestants et par des israélites habitués à vivre à l'écart du reste de la nation, pleins de rancunes séculaires contre cette nation, toujours en garde contre elle, et, d'autre part, portés à considérer comme très proches d'eux leurs coreligionnaires de l'étranger. Séparation du reste de la France par le groupement isolé et secret, lien étroit avec l'étranger par la doctrine des loges ou la foi religieuse, voilà bien ce qui caractérise ces hommes. Cette tare s'accentue encore davantage, s'il est possible, chez certains d'entre eux : étrangers accourus d'Allemagne après nos défaites, naturalisés d'hier ou rebelles à la naturalité, rapatriés d'il y a cent ans à titre d'expulsés de Louis XIV, ceux-là doublent leur qualité de franc-maçon de celle de Belge, leur qualité d'israélite de celle d'Allemand ou de Hongrois, leur qualité de protestant de celle de citoyen de Genève ; et l'on peut dire qu'ils ont été appelés aux plus hautes fonctions de l'Université de France, comme Cornélius Herz a été promu grand'croix de l'ordre national de la Légion d'honneur : à titre étranger ! »

« ... Leur grande œuvre fut de détruire chez nous ce qu'on appelait hypocritement le cléricalisme, et ce qui était, je ne dirai même pas le catholicisme, mais la mentalité catholique de ce pays. Ils fournirent au Gouvernement un personnel absolument sûr dans la lutte anticléricale... Il était bien impossible que le mal ne se propageât pas de la tête au reste du corps universitaire. Car enfin si, à un moment donné, les trois directeurs de l'enseignement primaire, secondaire et supérieur, furent des protestants sectaires et des franc-maçons pratiquants, il faut bien croire que le personnel enseignant et administratif s'en ressentit tout entier. Si les chefs des grandes écoles où l'on forme des professeurs et les instituteurs furent encore des dévots du protestantisme et de la maçonnerie, on ne saurait nier que ce fait ait influé sur l'éducation donnée à ces jeunes gens. Pour nous en tenir à l'enseignement secondaire, que de mal ne pouvons-nous pas imputer à celui qui le dirige depuis tant d'années !... Par lui, toutes les faveurs furent

réservées aux membres de la secte : postes enviés, promotions, avantages accessoires, à tel point que les professeurs israélites et protestants forment, dans certains
lycées de Paris, un tiers du personnel, alors que la juste
proportion serait d'un trente-huitième. Notre enseignement secondaire d'État a pris ainsi une tournure confes-
sionnelle. Il n'a plus été question de neutralité religieuse,
mais de croisade protestante... »

CHAPITRE II

LE LYCÉE CONTRE LA FAMILLE

LE LYCÉE CONTRE LA FAMILLE

Cette vaste entreprise de déchristianisation se poursuit depuis que l'Université d'État fonctionne en France. Relativement peu apparente sous Napoléon et la Restauration, son hostilité devint manifeste pendant le règne de Louis-Philippe (1); le Gouvernement du Second Empire la réprime; mais voilà trente ans qu'elle prend sa revanche, qu'elle perfectionne ses méthodes et travaille, avec une ardeur croissante, à débaptiser la

(1) Sainte-Beuve écrivait : « En masse, les professeurs de l'Université, sans être hostiles à la religion, ne sont pas religieux. Les élèves le sentent, et de toute cette atmosphère ils sortent, non pas nourris d'irréligion, mais indifférents. On ne sort guère chrétien des écoles de l'Université. »

France. Pour s'assurer une clientèle, l'Université s'impose souvent aux familles ; elle les trompe toujours.

En fait, la fréquentation du lycée est exigée des fonctionnaires : ils craignent, s'ils n'y mettent leurs enfants, que leur avancement soit compromis. L'Administration contraint moralement les gens de l'Administration. Pour attirer les familles peu fortunées mais libres, on multiplie les bourses : des parents imprudents, au lieu de destiner leurs enfants à une situation modeste, mais indépendante, que le travail et l'économie peuvent accroître, leur font donner cette instruction peu coûteuse qui les préparera aux carrières libérales tant encombrées ou à la servitude des fonctions publiques. Pour remplir ses classes, l'Université pousse à faire des déclassés.

Quelques parents sont tentés de croire que les candidats présentés par les lycées aux examens seront traités avec plus de bienveillance que ceux des collèges libres. Le livret scolaire a pu leur paraître un moyen de favoriser les premiers. A la session du baccalauréat de philosophie du 25 juin 1908, on a constaté (1) que les

____

(1) *Echo de Paris,* 2 juillet 1908.

présidents des jurys n'avaient pas pris connaissance des livrets scolaires des établissements libres, bien qu'il fût porté au règlement qu' « aucun candidat ne peut être refusé sans que son livret scolaire ait été lu et paraphé par le président de son jury d'examen. »

Pour attirer les familles, de grandes dépenses sont engagées en vue d'embellir les locaux universitaires. On veut en faire des monuments qui, en retenant les regards, constituent une réclame permanente. Bien des gens ignorent le collège modestement installé à l'écart : ils connaissent le lycée et ne lui connaissent pas de concurrent. Par voie d'affiches, par les journaux, on fait valoir l'excellence de la maison au point de vue de l'hygiène et du confort. Le rapport Raiberti (1) signalait que, de 1880 à 1900, on avait dépensé, pour agrandir, embellir, construire des lycées de garçons, 90 millions de francs. Les lycées étaient installés le plus souvent déjà dans de beaux bâtiments volés à leurs légitimes propriétaires : « Le lycée d'Amiens est l'ancienne abbaye des Bénédictins de Saint-Jean des Prémontrés. Le lycée d'Angoulême est aussi un ancien couvent de

____

(1) *La Croix*, 24 janvier 1900.

Bénédictins. Le lycée d'Auch est le collège fondé en 1543 par le cardinal de Tournon. Le lycée d'Évreux est un ancien couvent de Capucins. Les lycées de Limoges et de Poitiers sont d'anciens collèges de Jésuites. Le lycée de Marseille est un ancien couvent de Bernardines. Le lycée de Reims est l'ancien collège des Bons-Enfants. » Pour rendre plus vive une concurrence déjà facilitée par la spoliation, on nous frappe d'impôts plus lourds et on fait servir notre argent à l'embellissement de ces édifices ou à la construction de bâtiments neufs. A Paris, « Louis-le-Grand a été complètement rebâti, et la dépense s'est montée à 9 millions. On a dépensé 300.000 francs à Saint-Louis, 400.000 à Versailles, 570.000 à Amiens, 58.500 à Angoulême, 39.500 à Auch, 2.760.000 à Bordeaux, 151.300 à Bourges, 1.260.000 à Cherbourg, 3.000.000 à Dijon, 303.000 à Laval, 662.000 à Lyon, 2.000.000 au Mans, 1.650.000 à Montluçon, 600.000 à Moulins, 200.000 à Pau, 760.000 à Pontoise, 700.000 à Rennes, 990.000 à Rochefort, 950.000 à Rouen, 500.000 à Toulouse, 860.000 à Tours... » Ces dépenses n'étaient même pas justifiées par l'importance de la population scolaire : « A Valenciennes, on a fait un lycée qui a coûté 650.000 francs pour 150 internes : il y en a 43. A Charleville, on comptait sur 210 élèves : il y en a 110. Le lycéé de Montluçon a été bâti pour 800 élèves : il y en a 205 ; on comptait sur 210 internes : il y en a 103. A Gap, le lycée a coûté 2.139.000 francs ; il pourrait contenir 453 élèves : il y en a 225. A Tourcoing, le lycée a coûté 2.318.000 francs ; on prévoyait 684 élèves : il y en a 257 ; on espérait 200 pensionnaires : il y en a 50. A Digne, on a dépensé 1.400.000 francs ; on comptait sur 120 pensionnaires : il y en a 59. A Alais, le lycée a coûté 2.380.000 francs ; on comptait avoir 460 élèves : on en a 290. A Paris, lycée Voltaire, on espérait 1.200 élèves : il y en a 450 ; lycée Buffon, on comptait avoir 1.400 élèves : il y en a 574. Le lycée Lakanal a coûté 10 millions : il a 400 élèves... »

Mais il s'agissait de faire plus beau, plus grand que le collège libre, de lui opposer une concurrence telle qu'il n'y pût résister. Et l'impôt de guerre au catholicisme, le fisc contraignait les catholiques à le payer.

Ils le payent encore pour que l'Université corrompe les jeunes gens qui viennent de l'étranger étudier en France, et les jeunes gens, français ou étrangers, qui, à l'étranger, sont confiés à des mains françaises. Dans les journaux des pays voisins, notre Gouvernement fait insérer des articles-réclames en faveur des lycées des provinces-frontière. Il fonde à l'étranger des collèges français où il nomme comme directeurs ou professeurs des hommes qu'il ne pourrait employer chez nous : Henri Guyot, prêtre, qui se défroqua après avoir donné en Sorbonne le scandale de la soutenance d'une thèse athéiste et avoir reçu de Séailles les félicitations dues à une « pensée qui se libère », a été presque aussitôt nommé directeur du collège français de Bruxelles (1). Des lycées ont été créés, ces dernières années, par notre Gouvernement pour concurrencer les collèges dirigés par des religieux français, à Athènes, Salonique, Constantinople, Alexandrie. L'argent dont le fisc dépouille les catholiques français soudoie l'œuvre officielle de la mission laïque. L'anticléricalisme est article d'exportation.

*
* *

Mais on se garde bien de le dire. Les déclarations officielles nous représentent l'enseignement d'État comme ayant un caractère purement scientifique, comme

(1) *Libre Parole,* 16 avril 1908.

indépendant des confessions religieuses, également respectueux des convictions de chacun. On endort certaines craintes par des assurances qui, sous toutes les formes, commentent cette affirmation de Goblet : « L'État a une obligation : c'est de ne pas donner un enseignement religieux. Nous devons la neutralité, nous l'avons promise, et nous la ferons observer. » L'État ne donne donc pas un enseignement confessionnel, mais il assure aux élèves, en dehors des heures de classe, et par le soin des aumôniers ou des prêtres de paroisse qui les remplacent, l'enseignement confessionnel réclamé par les familles ; il veille à ce que les jeunes gens participent aux cérémonies du culte ; une chapelle est annexée à l'établissement, on y célèbre les offices ; une messe du Saint-Esprit inaugure l'année scolaire, et même on lui donne parfois, pour les besoins de la réclame, un caractère d'exceptionnelle solennité : à la rentrée de 1902, au moment même où Combes, en appliquant la loi contre le droit d'association, faisait cesser la concurrence de nombreux collèges libres, il s'empressait, pour tranquilliser la conscience des familles et mieux leur donner le change, de faire procéder avec éclat à la cérémonie religieuse de rentrée des classes : au lycée Saint-Louis, la messe fut chantée par des artistes de l'Opéra (1), et Gustave Téry, dans *la Petite République* (2), se plaignit que les professeurs des divers lycées eussent été officiellement tenus d'y assister en robe.

Si cela paraît indispensable pour désarmer les défiances du public, on nomme quelques professeurs connus par leurs convictions religieuses. Comme de ceux-là on exige une neutralité rigoureuse que l'on ne fait pas observer par les autres, les premiers servent de pavillon pour couvrir la marchandise que les seconds débitent. Expédiés dans des lycées et Facultés de province où la concurrence des collèges et Facultés catholiques est particulièrement redoutable, ils servent à amorcer les familles trop crédules. Il est même arrivé qu'un prêtre a été placé par tactique à la tête d'un grand lycée en détresse. On escomptait l'ignorance en laquelle restent les familles du rôle que joue un proviseur. Elles lui attribuent un contrôle efficace sur la nature de l'enseignement que les professeurs distribuent. Or un proviseur n'est qu'un administrateur. Mais l'illusion des

(1) *Echo de Paris*, 4 octobre 1902.
(2) 6 octobre 1902.

familles sert les intérêts de l'Administration. C'est ainsi que l'abbé Follioley a occupé pendant plusieurs années le poste de proviseur du lycée de Nantes. Lorsqu'il fut atteint par la retraite, en 1898, *le Gaulois* écrivait (1) : « C'est à lui que l'on est redevable de la prospérité actuelle du lycée de Nantes. Lorsqu'il y fut appelé comme proviseur par le Gouvernement, qui lui avait donné carte blanche, cet établissement comptait à peine 80 élèves... L'abbé Follioley fit rapidement prospérer le lycée, et bientôt le nombre des élèves fut porté à 800. »

Ce prêtre avait servi de rabatteur.

(1) *Echo de Paris*, 18 avril 1898.

CHAPITRE III

LE LYCÉE POUR L'ÉTAT

I

LES LYCÉES DE FILLES

Aucune illusion ne doit subsister sur la nature de la tâche assignée à l'Université : elle est un instrument de déchristianisation et de démoralisation. Le lycée est le grand agent de corruption intellectuelle et morale dont se sert l'État. L'État cherche ainsi à constituer une bourgeoisie qui, par sa culture et par ses mœurs, soit complètement étrangère à l'Église.

Pour obtenir plus rapidement et plus complètement ce résultat, l'État n'entend pas façonner seulement les jeunes gens, mais aussi les jeunes filles. Et il ne lui suffit pas d'une partie de la jeunesse : il la veut toute.

Le rôle des lycées de filles est d'empêcher que désormais puisse se fonder un foyer chrétien.

Dans un récent procès entre époux séparés de corps, la cour de Limoges a ordonné que leur fille, comme leur fils, reçût de l'État l'enseignement « areligieux », que le père, suivant la propre expression de sa requête, voulait leur faire donner (1).

Or l'enseignement n'y est pas seulement areligieux, mais antireligieux, et très spécialement anticatholique. « Le jour de Toussaint, une division de lycéennes était en promenade aux environs de Moulins. Survient une marchande de bonbons qui offre sa marchandise aux jeunes filles. La maîtresse est sollicitée d'accorder la permission d'acheter. Elle réfléchit une seconde, puis, brève et provocante : — « J'accorde permission, mesde-« moiselles, mais seulement à celles qui n'ont pas été à la « messe ce matin (2). »

Lorsqu'il était maire de Toulouse, Ournac déclarait au Conseil municipal, à propos de la nomination d'un aumônier au lycée de filles : « Nous voulons faire des libres penseurs et des libres penseuses; mais pour cela il faut avoir des élèves; et nous ne les aurons qu'en don-

(1) *La Liberté*, 27 juin 1908.

(2) *Messager-Mémorial de l'Allier*, cité par *la Libre Parole*, 20 novembre 1896.

nant aux familles la garantie d'une instruction religieuse. »

A la solennité du 25ᵉ anniversaire de la fondation des
lycées de filles, au Trocadéro, le 17 mai 1907 (1), Camille
Sée, conseiller d'État, qui avait été, comme député,
rapporteur de la loi sur l'enseignement secondaire des
jeunes filles, dit dans son discours : « Cette loi a éclairé
votre pensée. Elle a libéré votre conscience. Elle a fait
de vous la compagne intellectuelle de votre mari. Elle
vous a permis d'être en pleine intelligence la première
éducatrice de vos enfants. » Briand, ministre de l'Instruction publique, qui présidait, parlant de « cette âme
féminine qui fut, durant des siècles, si obscure », déclara
que « laisser les femmes, comme autrefois, dans une
demi-ignorance, c'était priver la nation de ses forces
intellectuelles les plus pures ». Et Ernest Lavisse salua
la jeune École normale de Sèvres au nom de la vieille
École normale de la rue d'Ulm.

Ces discours exprimaient avec une prudente hypocrisie ce que le maire Ournac avait déclaré avec une bru-
tale franchise. En opposant les consciences libérées et les

____

(1) *Le Matin,* 18 mai 1907.

intelligences éclairées des filles d'Université à l'âme
ignorante et obscure des mères chrétiennes à qui nous
devons, et ce qu'il peut y avoir de bon en nous, et que
nos pensées restent affranchies de l'erreur, ces solennels
imbéciles laissaient cependant entendre que leurs maisons sont les mauvais lieux où, de même que dans le
jeune homme on lâche le mâle, dans la jeune fille on
lâche la femelle.

Leur institution n'ayant pas de passé, ils ont pris garde
d'y introduire les traditions de religiosité extérieure
observées dans les lycées de garçons : on ne fait pas
célébrer, à la rentrée, de messe du Saint-Esprit ; on ne
construit pas de chapelle ; si l'on s'installe dans un local
dont une communauté religieuse a été dépouillée, on fait
de la chapelle une salle des fêtes, afin que, dans l'esprit
des enfants, le souvenir d'un édifice religieux s'associe
à des souvenirs de danses et de chansons ; l'aumônier
est celui du lycée de garçons ou un prêtre de paroisse,
de sorte qu'il lui est matériellement impossible de vraiment remplir sa mission ; l'un d'entre eux m'a dit qu'à
son cours les jeunes filles lui demandent sans cesse de
résoudre les objections que les leçons de leur maîtresse
leur suggèrent ; leur religion théorique est, pratique-

ment, de l'antireligion ; de la foi elles ne voient que les difficultés ; elles ne savent du dogme que les motifs de n'y pas croire ; elles sont déjà façonnées à l'accoutumance de tout ce qui est déjà, chez nous, à l'état élémentaire, la Religion laïque d'État.

Il n'en peut être autrement avec les femmes auxquelles leur âme est jetée : ces professeurs n'ont reçu de Sèvres ni science, ni conscience, ou une science faussée, une conscience pervertie. Protestantes, dressées par des protestantes, elles ne peuvent apporter à l'exercice de leurs fonctions que la passion ardente et sournoise, la haine contre l'Église, qui est toute leur religion. L'École normale de Sèvres est une huguenotière. On compte aussi, dans les rangs des professeurs de lycées de filles, un certain nombre de juives. Les catholiques d'origine y sont de très rares exceptions. Au collège de Saumur par exemple, la directrice et tous les professeurs, sauf un d'origine catholique, sont des protestantes.

II

VERS LE MONOPOLE

Cependant, moins que jamais, les familles sont laissées libres de choisir l'éducation que recevront leurs enfants. Par la proscription des congrégations, la concurrence des collèges libres de jeunes gens et jeunes filles a en grande partie disparu. Et le temps semble proche où l'État va tenter de transformer en monopole de droit ce quasi-monopole de fait.

*

Depuis longtemps déjà, diverses Loges, notamment celle de Moulins, avaient demandé que l'admission aux fonctions publiques et aux grandes Écoles de l'État ne fût accordée qu'à ceux qui auraient fait toutes leurs études dans un établissement universitaire, et qu'aucun diplôme ne fût délivré qu'à ceux qui y auraient passé au moins leurs trois dernières années d'études. En 1899, un projet de loi, relatif au stage scolaire obligatoire pour les candidats aux grandes Écoles et aux fonctions publiques, était déposé sur le bureau de la Chambre.

On espérait ainsi remédier au discrédit croissant qui frappait les lycées. Le rapport Bouge avait signalé que, de 1887 à 1896, le mouvement de la population scolaire n'avait cessé d'être défavorable à l'État. Cette tendance s'était accentuée de 1896 à 1897 : l'Université avait perdu 500 élèves et les établissements ecclésiastiques en avaient gagné plus de 4.000, de sorte que, pour l'enseignement secondaire, la population scolaire se partageait par moitié entre l'Église et l'État (1). Au point de vue financier, le déficit des lycées nationaux, pour l'exercice 1896, s'élevait, le 31 mars 1897, à plus de 650.000 francs (2).

Mais le succès de la grande poussée anticléricale, que l'exploitation du fait-divers Dreyfus avait masquée, permit bientôt de solutionner différemment le problème.

(1) *Le Temps*, 4 novembre 1897.
(2) *Le Petit Temps*, 21 novembre 1897.

La loi limitative du droit d'association, votée en 1901, entraînait, avec la proscription des ordres religieux et des congrégations, la fermeture d'un grand nombre de leurs collèges. Théoriquement, la liberté d'enseignement ne subissait aucune atteinte. En fait, c'était, pour l'État, dans de nombreuses villes, le monopole de l'enseignement secondaire des jeunes filles et des jeunes gens (1).

Ces avantages ne paraissent pas suffisants. En septembre 1908, sur l'initiative du général André, le Conseil général de la Côte-d'Or a émis le vœu que l'enseignement primaire prépare effectivement à l'enseignement secondaire, et celui-ci à l'enseignement supérieur, c'est-à-dire que l'école primaire soit obligatoire pour tous les enfants et que ceux-là seuls aient accès au lycée qui auront été désignés par l'instituteur comme aptes à en suivre les leçons.

Cette omnipotence du primaire serait la préface du monopole de droit.

(1) L'Etat vient de profiter de cette situation pour imposer un supplément au prix de pension des élèves qui demandent à assister aux offices religieux. Pour la rentrée d'octobre 1908, la taxe de messe est, à Marseille, de 20 à 30 francs suivant la catégorie d'élèves; à Bourges, de 15 à 21 francs; à Lyon, de 10 francs.

Des projets de loi établissant ce monopole sont d'ailleurs en préparation dans les Loges et dans les commissions de la Chambre. Le F∴ Massé et ses complices se tiennent à l'affût de l'instant favorable.

Pour prévenir un mouvement d'opinion qui empêcherait cette mesure de produire ses pleins effets, le protestant Doumergue, minist.. de l'Instruction publique, a déposé un projet de loi que le Gouvernement se propose de faire voter dans le plus bref délai et qui punit d'amende et de prison l'auteur de toute critique adressée à l'enseignement d'État en vue de détourner les familles de lui confier leurs enfants.

De plus, en prévision de l'heure où toute la jeunesse sera contrainte par la force publique à subir la servitude intellectuelle de l'Université, on semble sur le point d'introduire dans les programmes scolaires l'étude de l'histoire des religions.

III

LES PROCHAINS PROGRAMMES D'ÉTUDES

L'histoire des religions, falsifiée par des individus qui
en ont fait l'exutoire de leurs passions sectaires, consti-
tuerait, si elle était introduite dans les programmes
des lycées, une sorte de contre-catéchisme que, pendant
plusieurs années, les élèves devraient apprendre.

On a dès à présent fait passer cet enseignement de
l'École des Hautes-Études dans quelques Facultés de
lettres. Mais, il y a déjà plus de vingt-cinq ans, Littré,
P. Bert, Maurice Vernes demandaient qu'il fût introduit
dans les lycées et collèges, et même dans les écoles pri-
maires. Guyau écrivait à ce sujet : « Cette proposition,
pour être acceptable, doit être réduite à de justes limites.
Il ne faut pas se faire d'illusion : M. Vernes aurait tort

de croire que le professeur et surtout l'instituteur pourront jamais, sans entrer en conflit avec le clergé, insister particulièrement sur l'histoire des juifs..., *battre ainsi directement en brèche les fondements du christianisme.* Il faut donc considérer d'avance comme impossible tout enseignement vrai... ...nt historique qui *contredirait ouvertement* l'enseignement théologique... Nous croyons donc que l'histoire des religions, si elle est jamais introduite dans l'enseignement, devra principalement porter *sur ce qui n'est pas l'histoire des juifs;* elle devra fournir des renseignements très élémentaires sur la morale de Confucius, sur les idées morales et métaphysiques des religions indo-européennes, sur l'antique religion égyptienne, sur les mythes grecs, enfin sur *toute cette atmosphère morale et religieuse qui baigne le christianisme et dont il s'est en quelque sorte nourri...* Quel inconvénient pourrait-il y avoir à ce que de belles paroles de Confucius, de Zoroastre, de Bouddha, de Socrate, de Platon ou d'Aristote, traversant les âges, vinssent donner à nos générations quelque idée de ce qu'était la pensée humaine avant Jésus? *On ne peut pas couper d'un seul coup l'arbre merveilleux aux antiques légendes, mais on peut — ce qui aboutit au même résultat et est moins dangereux — montrer d'où lui vient sa sève, et qu'il est fait comme tous les autres arbres de la forêt, et qu'il est plus jeune qu'eux, et que ses branches ne les dépassent pas toujours en hauteur (1). »*

Les hypocrites manœuvres, par lesquelles se poursuivrait la catéchisation libre penseuse de l'enfant, du jeune homme et de la jeune fille, sont ici merveilleusement décrites. Toute la duplicité universitaire est là. Quoi que ce soit que les gens de l'Université enseignent, c'est toujours dans cet esprit et souvent de cette manière qu'ils l'enseignent. Mais, si de telles précautions sont de rigueur au temps de la concurrence, il est évident qu'avec le monopole on pourra plus facilement et plus rapidement s'en départir. Et comme, mieux que d'autres leçons, l'histoire des religions permettra de déchristianiser, « les délégués de la propagande rationaliste et libre penseuse ont fait récemment une démarche auprès du Ministre de l'Instruction publique en vue d'obtenir la création de chaires de l'histoire des religions. Le Ministre se montra tout disposé à leur donner satisfac-

(1) Guyau, *Irréligion de l'avenir*, p. 231.

tion (1). » *L'Éclair* (2) rappelle que la création de ces chaires fut demandée, une première fois, au Convent de 1906, et que, en 1907, le F∴ Sembat demanda au Convent « de réaliser maintenant ce que vous avez décidé, à savoir qu'il sera introduit dans l'enseignement primaire, et dans l'enseignement secondaire à plus forte raison, un manuel spécial... traitant l'enseignement de l'histoire des religions (3) ». Sembat recommandait vivement la brochure de F∴ Lahy. Cette brochure, dit *l'Eclair*, « est fort habilement faite. Le F∴ Lahy n'a garde de heurter violemment l'esprit des lecteurs par des attaques à fond contre les religions. Il reconnaît qu'elles ont eu leur raison d'être dans le passé, qu'elles ont pu même rendre service dans les temps éloignés. » Puis il conclut ainsi : « A toutes les époques, la religion « a tenu une grande place dans la vie sociale où son « rôle paraît avoir été *d'autant plus important que la* « *société était plus primitive.* En effet, *il semble* qu'à « l'origine les phénomènes sociaux, encore mélangés « et indistincts, soient tout nuancés de religion. Puis, à

(1) *L'Eclair*, 4 mars 1908.
(2) 4 mars 1908.
(3) *Compte rendu officiel*, p. 340.

« mesure que chacun des faits sociaux se détachait de
« l'ensemble pour se développer seul, la religion s'est
« *constitué un domaine de plus en plus étroit*. A l'heure
« actuelle, son action dans nos sociétés européennes
« est encore très importante, mais moins étendue : *la*
« *morale, par exemple, qui, jadis, était liée à elle, tend*
« *à s'en détacher, et les mythes par lesquels elle expli-*
« *quait l'univers sont mis en échec par les synthèses*
« *scientifiques. La science se substitue à elle* pour expli-
« quer, à l'aide de ses méthodes expérimentales, le
« monde et ses lois, la vie et son évolution, et pour
« opposer à ses récits mythiques des faits précis (1). »

(1) *Manuel d'histoire des religions*, épreuve provisoire exclusivement réservée aux membres du Convent maçonnique de
1907, p. 32.

IV

AVEUX OFFICIELS

En matière d'instruction publique, les Loges travaillent l'opinion au moyen de la Ligue de l'Enseignement. Dans son XXVIIIe Congrès, en octobre 1908, cette Ligue a réclamé du Parlement le vote du projet de loi Doumergue. La séance de clôture du Congrès s'est tenue à la Sorbonne, sous la présidence du Ministre de l'Instruction publique, le protestant Doumergue, qui, dans son discours, s'est exprimé ainsi :

« L'éducation populaire laïque... a des ennemis... irréductibles... Au moment où leur audace s'accroît..., vos travaux et vos décisions vont utilement leur rappeler... que votre action laïque, pas plus que celle du Gouvernement de la République française, dont je suis

9

venu vous apporter avant votre séparation les encoura-
gements et les assurances de chaude sympathie, ne veut
s'interrompre et encore moins s'arrêter (1). »

Le Congrès de l'Éducation populaire, qui se tenait en
même temps que le Congrès de la Ligue, et sous ses
auspices, a organisé, à la Sorbonne, le 3 octobre 1908,
une grande manifestation en l'honneur de Marcelin
Berthelot, sous la présidence de Fallières, assisté de
Clémenceau et Doumergue. Saluant la mémoire de
Berthelot : « Par lui, a dit le Président de la République,
les voiles de l'inconnu ont été déchirés, une partie des
mystères de la création est éclairée, et c'est à l'apôtre
de la science, *de la libre pensée*, de la justice et de la
vérité, que va l'hommage de la démocratie (2). »

Maçonnerie, Gouvernement, Ligue de l'Enseignement,
enseignement de l'Université, tout cela ne fait qu'un.
La science et la raison laïques, sous ces mots il faut
entendre l'anticatholicisme. L'expression mensongère
de neutralité a la même signification. Dans le grand
débat parlementaire de novembre 1807 sur la crise de

(1) *Le Matin*, 5 octobre 1908.
(2) *Écho de Paris*, 4 octobre 1908.

l'enseignement universitaire, le F.·. Bourgeois s'exprimait ainsi (1) :

« Le but de l'école laïque est l'établissement de la tolérance par la neutralité de l'État en matière d'enseignement; il n'est que l'enseignement du respect de toutes les opinions, de toutes les convictions, par l'interdiction faite à toute personne de s'introduire dans l'école pour agir contre la conscience d'un quelconque de nos enfants... Dans chacune de nos écoles, on cherche avant tout et toujours à empêcher qu'on ne porte atteinte à la croyance d'aucun des enfants qui sont dans l'école. »

Tous les faits que nous avons rapportés disent ce qu'il faut entendre par ce « respect de toutes les convictions », cette « interdiction d'agir contre la conscience d'un quelconque de nos enfants », cette « tolérance », cette « neutralité de l'État », et comment on empêche qu'il soit porté « atteinte à la croyance d'aucun des enfants ».

Dans ce discours, Bourgeois se chargeait lui-même d'analyser le sens de ces formules : « Il y a, disait-il,

(1) *Le Temps*, 18 novembre 1897.

... un devoir social commun : c'est la raison humaine, et non pas telle ou telle religion, qui l'a peu à peu enseigné aux hommes... Voilà notre doctrine, la doctrine de l'école laïque. Et, quand vous nous demandez quelle est notre morale, nous répondons simplement : il y a quelque chose de commun entre les morales des catholiques, des protestants, des israélites et des libres penseurs ; ce fonds commun, c'est ce qu'aucune religion n'y a mis en particulier, c'est ce que l'esprit humain, évoluant dans sa liberté, y a peu à peu accumulé de vérités définitives ; c'est ce que la science, éclairée par la conscience, a donné comme un trésor commun à tous les hommes de tous les pays et de tous les cultes. » Toujours donc l'idée d'une morale déterminée, non par la religion, mais par ce qu'on appelle arbitrairement la raison et la science. A la morale religieuse on oppose une autre morale. Comment donc peut-on prétendre que l'on respecte la morale religieuse ? On la respecte si respecter signifie détruire.

D'ailleurs, *le Temps* (1) commentait en ces termes les idées dont Bourgeois s'était fait l'avocat : « Le débat a

(1) 18 novembre 1897.

porté sur les principes des deux conceptions de l'enseignement, la vieille conception religieuse que professe toujours et que défend l'Église, et la conception laïque ou moderne qui est celle de tous les républicains à quelque fraction parlementaire qu'ils appartiennent... M. Léon Bourgeois s'est fait très justement un grand succès et un grand honneur. Son discours méritait l'affichage public que la Chambre a ordonné... Rarement l'orateur du parti radical fut mieux inspiré. Mais il nous sera bien permis d'ajouter, après cela, qu'il ne défendait point une thèse radicale, ni un article de son programme ; il parlait plutôt en ancien Ministre de l'Instruction publique, et il défendait la tradition républicaine qui n'a pas cessé un seul instant de se perpétuer rue de Grenelle, depuis le passage de J. Ferry. »

La neutralité respectueuse des croyances, c'est donc, suivant Bourgeois, l'enseignement d'une science qui ignore la Science suprême, et d'une morale qui, dégagée du dogme, enseigne que le dogme est inutile et que la morale religieuse est une morale dont on peut se passer. Parler ainsi, c'est « parler en Ministre de l'Instruction publique ». Cette hostilité qui est l'esprit de l'enseignement officiel, cette polémique contre la foi religieuse qui est le contenu de cet enseignement, sont, d'après *le Temps*, de « tradition républicaine ». Tout l'effort du Gouvernement tend à plier les pensées libres sous cette « tradition républicaine qui n'a pas cessé un seul instant de se perpétuer rue de Grenelle depuis le passage de J. Ferry ». Cette œuvre de déchristianisation active et continue s'appelle la neutralité de l'enseignement.

**
* **

Ce mot de neutralité, ces assurances formelles et réitérées de neutralité ont dupé l'opinion. On en a usé et abusé depuis trente années. Cependant les intéressés en ont donné plus d'une fois un commentaire fixant le sens qu'ils lui attribuaient. « L'État, écrivait Guyau, doit sans doute rester neutre entre toutes les confessions religieuses ; mais, comme l'a remarqué Goblet d'Alviella, *il y a deux manières d'observer cette neutralité*, l'une *passive* pour ainsi dire, l'autre *active*. On peut rester neutre passivement en s'abstenant de réfuter ou d'appuyer les prétentions d'une théologie particulière ; on peut rester neutre activement *en poursuivant sa tâche scientifique ou philosophique à côté et en dehors de tout problème purement dogmatique. C'est à cette espèce de neutralité qu'on doit s'arrêter* dans l'enseignement secondaire ou primaire (1). »

Mais, aujourd'hui, la restriction prudente de neutralité ne semble plus guère s'imposer. On laisse tomber le masque. On va même jusqu'à rejeter l'idée et le mot de neutralité. Le protestant Buisson, ancien directeur de l'enseignement primaire, et le juif Durkheim, professeur en Sorbonne, en limitent à l'excès le sens et la portée. Le professeur d'histoire Aulard la repousse absolument.

Buisson restreint considérablement la zone d'application de la neutralité : « La neutralité n'est applicable qu'à l'école primaire élémentaire (2). » Et encore en limite-t-il la portée : « Jules Ferry et Goblet n'entendaient certes pas faire de l'instituteur un *neutre* par définition. ils soutenaient déjà énergiquement ce qu'a dit un de leurs successeurs, qu'en raison même de sa neutralité l'école enseigne la République et la démocratie (3). » Or, la République est accaparée par une sorte de républicains pour qui elle est et ne peut être

(1) GUYAU, *Irréligion de l'avenir*, p. 234.
(2) *Le Matin*, 27 septembre 1908.
(3) *Le Matin*, 27 septembre 1908.

que la République laïque et pour qui « laïque » signifie anticlérical, et anticlérical, anticatholique. L'interprétation de la neutralité détruit donc ce que tout le monde entend et ce que le Gouvernement cherche à faire entendre par ce mot.

Durkheim détruit également le sens normal du mot neutralité par le commentaire qu'il en donne : « Il est clair que l'école ne saurait être neutre, si l'on entend par là qu'elle doit être sans doctrine. Contre une telle neutralité on ne peut protester avec trop d'énergie... La doctrine de l'école laïque est d'ailleurs simple : elle tient en effet tout entière dans le culte de la science, de la raison et des idées élevées et certaines sur lesquelles repose la morale de toute société démocratique... Le maître... doit ignorer les croyances religieuses... Il est vrai que, dans ses leçons d'histoire, il ne [peut pas garder le même silence : ici, il rencontre forcément la religion sur son chemin. Mais il suffit qu'il en parle en historien... Je suis d'ailleurs convaincu que c'est dans cet esprit que l'enseignement laïque est très généralement entendu (3). »

(1) *Le Matin*, 27 septembre 1908.

Être neutre, cela signifie donc enseigner la doctrine de l'école laïque. Les mots qui expriment cette doctrine — science, raison, morale — ont, comme neutralité, un double sens : le sens normal, celui que tout le monde entend et par lequel on amorce le public ; et le sens caché, grâce auquel le public est dupé ; comme on sous-entend qu'il n'y a de science, de raison et de morale que hors l'Église ét contre elle, la doctrine de l'école laïque et neutre est donc d'endoctriner hors et contre l'Église. L'histoire, qui est la science dans laquelle le maître rencontre la religion, lui permet de ne plus ignorer la religion, mais de la combattre : « il suffit qu'il parle en historien ». Durkheim est « convaincu que c'est dans cet esprit que l'enseignement laïque est très généralement entendu ». Après ce que nous savons des lycées, nous en sommes convaincus également.

La neutralité étant ainsi définie, il devient indifférent de limiter le champ de son action. Aussi Durkheim ne lui assigne-t-il plus, comme faisait Buisson, les frontières de l'école primaire. Mais alors on pourra trouver superflu de recourir à l'hypocrisie d'un mot qui n'a plus de sens, puisque la seule signification qu'on lui attribue lui fait dire le contraire de ce qu'il signifie réellement. Il n'y a plus qu'à le rejeter comme, après la victoire, on rejette les armes de combat désormais inutiles. Ainsi fait Aulard.

« On me demande ce que je pense de la neutralité scolaire. Je pense que c'est un mot, un mot équivoque, un mot dangereux... Qu'est-ce donc que la neutralité scolaire ? C'est, dit-on, une prescription de la loi. Or ni le mot ni la chose ne se trouvent dans aucune loi, scolaire ou autre... Et pour cause. Il aurait fallu définir la neutralité scolaire, et je défie bien le plus ingénieux de nos philosophes politiques de formuler une définition, même médiocre, d'un mot qui, si peu qu'on y réfléchisse, n'offre aucun sens, ou n'offre qu'un sens absurde. Quand on dit que l'école doit être neutre, on entend, j'imagine, qu'elle doit être neutre entre deux ou plusieurs doctrines, qu'elle ne doit prendre parti pour aucune doctrine. C'est comme si on disait que l'enseignement public ne doit se prononcer ni pour la vérité ni pour l'erreur, ce qui serait le plus efficace moyen de trahir la vérité... Je suis d'avis qu'il ne faut plus recommander... cette chose impraticable ou indéfinissable qu'on nomme la neutralité scolaire ; qu'il faut leur recommander, au contraire, d'être, plus que jamais, militants pour la vérité par la science, de n'être jamais neutres au profit de l'erreur... » Aulard ajoute, par une vieille habitude de duplicité : « d'enseigner et de pratiquer la liberté de conscience (1). »

Malgré ce mensonge final, il n'y a plus maintenant d'équivoque. On a pris la précaution de ne pas écrire dans la loi cette neutralité grâce à laquelle on a fait voter la loi; et maintenant que, par application de cette loi, on a obtenu la masse d'électeurs-serfs dont on a besoin pour conserver le pouvoir, on se croit assez fort pour rejeter ouvertement la neutralité; on lui adresse les critiques que les catholiques lui ont toujours adressées; on la déclare impossible et absurde. On ajoute que l'école doit enseigner la vérité et combattre l'erreur. Or, en mainte circonstance, on a proclamé que l'Église est l'erreur.

Désormais on peut dire que les familles ne peuvent plus être trompées. Si elles continuent à confier à l'État leurs enfants, elles acceptent d'être ses complices.

(1) *Le Matin,* 14 septembre 1908.

CONCLUSION

CONCLUSION

Le lycée vide l'élève de toutes ses habitudes, idées et
sentiments chrétiens. Il lui suffit en effet de les passer
sous silence : ce qui apparaissait au croyant comme
d'importance capitale — faire son salut — apparaît à
la conscience de l'enfant, dans la pratique journalière,
comme d'importance nulle. La neutralité, tant qu'elle
est observée, opère à la façon d'une machine pneuma-
tique : elle retire de l'âme l'atmosphère religieuse qui
faisait sa vie. A un système de sentiments et d'idées
dont le centre était la foi chrétienne et déterminait une
orientation de l'activité telle que l'idée surnaturelle et
divine la devait dominer tout entière, l'enseignement
neutre a substitué un système de sentiments et d'idées
purement naturels qui oriente l'activité vers des préoccupations exclusivement humaines et des fins purement
terrestres. On montre pratiquement à l'enfant, au jeune

homme, que l'on peut édifier sa vie hors le christianisme. On lui prêche par l'exemple l'inutilité d'une intervention de l'élément religieux dans son activité mentale, morale et matérielle. En l'obligeant à vivre hors la direction de l'Église, on le contraint à organiser sa vie en dehors d'elle et on l'incline à estimer que c'est là une solution meilleure.

L'éducation familiale est impuissante à lutter contre l'éducation scolaire, même s'il s'agit de l'externe confié quelques heures chaque jour au lycée, car l'action du lycée est active, méthodique, constante ; elle déborde le temps consacré au lycée ; hors du lycée, le lycéen travaille pour le lycée, sur les indications du lycée et suivant l'orientation qu'il en reçoit. Si le père ou la mère intervient, ce ne peut être qu'au foyer domestique, non au delà du foyer, et, dans ces limites mêmes, d'une façon intermittente, accidentelle, et vraisemblablement inappropriée. S'ils ont renoncé à instruire eux-mêmes leurs enfants, c'est qu'ils ne pouvaient remplir cette fonction : ils étaient insuffisamment instruits ou le temps leur manquait; ils ont donné au corps enseignant mandat d'agir en leur lieu et place, et en quelque sorte approuvé par avance l'esprit pans lequel ce corps enseignant remplit son mandat. C'est donc le professeur qui est devenu le véritable modeleur d'âme ; c'est lui qui nourrit la pensée de l'élève et qui inspire ses actes ; il a acquis sur lui, en fait, une autorité très supérieure à celle que les père et mère ont pu se réserver.

Les habitudes d'esprit et la discipline de vie qui viennent du lycée s'opposent donc dès l'abord aux façons chrétiennes de penser et aux pratiques religieuses et morales de la maison paternelle. Et bientôt celles-là refoulent celles-ci. Finalement elles les chassent. Pas plus que ses maîtres, l'élève ne fait place, dans sa pensée ou dans son action, à la religion révélée.

*
* *

Mais il y a pire. La neutralité n'est observée que dans la mesure nécessaire à faire des dupes. Elle est violée toutes les fois qu'il semble possible de la violer sans éveiller par trop les susceptibilités de familles particulièrement vigilantes. Le professeur n'ignore pas de quel pouvoir il est investi, de quelle complicité l'administration universitaire lui apporte le secours, et que l'offensive, surtout sans scandale, lui assure un plus rapide avancement. D'ailleurs il est lui-même élève de l'Université : attaquer l'Église satisfait à ses convictions comme à ses intérêts. Il a déjà combattu l'Église en l'ignorant. Il ne cessera de l'ignorer que pour la combattre avec plus de force. De là, la guerre d'escarmouches : allusions, critiques sournoises, railleries grossières, objections directes ; et plus tard, dans les classes supérieures, la guerre méthodique par l'interprétation historique, l'hypothèse scientifique, le système philosophique, qui seront exposés comme découvertes de la science ou au nom des droits de la raison.

Ainsi, non seulement on montre pratiquement à l'élève que l'on peut être homme sans être chrétien, mais on lui enseigne explicitement que l'on devient homme lorsqu'on cesse d'être chrétien, que le christianisme est mensonge, et l'institution chrétienne, un obstacle à la vie des sociétés. Le jeune homme ne peut lutter contre des pensées mieux armées que la sienne et dont sa pensée est la prisonnière : les faits que sa mémoire évoque, la matière sur laquelle sa réflexion s'exerce, le mécanisme même de son raisonnement, il a tout reçu de ses geôliers ; et, si son intelligence est aux fers, ses geôliers ont brisé les fers de ses instincts qui, lâchés, mettent en sa prison une telle joie qu'il ne peut plus songer à la foi de sa première enfance que pour la haïr. Maintenant il aime ses liens, et il se croit libre, alors qu'il est muré dans la libre pensée.

Pour quelques-uns cependant, ce résultat n'est pas acquis tout entier. Leur âme d'homme s'est différemment élaborée. Enfants, ils ont reçu d'une famille chrétienne des habitudes pieuses, du lycée une mentalité ennemie de ces habitudes, si bien que leurs gestes sont de leur mère, mais leur âme est à l'*alma mater*. Il s'est fait, à l'insu de tous et contre la volonté paternelle, un partage de l'enfant. L'enfant, divisé contre lui-même, est devenu le lieu d'une lutte entre l'influence du foyer qui reste purement extérieure, vague et inter-mittente, et l'influence universitaire, précise et continue, qui agit par le dedans. Au lieu que cette dernière, comme dans la généralité des cas, l'emporte, il s'est établi une sorte de compromis : le jeune homme, puis l'homme, garde l'attitude héritée des siens et fortifiée par son milieu social ; mais sa religion n'est plus qu'une attitude. Ainsi s'explique l'inertie de tant de chrétiens à l'heure où l'Église court de si grands périls, et l'ineffi-cacité des appels que l'on adresse à leur foi qui, au fond d'eux-mêmes, est morte.

Parfois même, dans de très rares exceptions, le lycéen s'est vraiment défendu contre le lycée. Mais qu'a-t-il réussi, en réalité, à sauver de lui-même ? Son intelligence cultivée est peut-être parvenue à cultiver sa foi : mais, s'il s'est borné à se justifier sa croyance sans discipliner sa volonté, sera-t-il un chrétien ? Et s'il a fait triompher en soi la loi morale sans parvenir à libérer complètement sa pensée de quelque forme cachée de l'erreur, ne sera-t-il pas pour l'Église une autre cause de danger ? Orthodoxe sans moralité ou moral sans orthodoxie, intellectuel de la foi sans que sa sensibilité se soit disciplinée à la foi, ou moraliste de la foi sans que sa réflexion ait pu trouver le chemin d'une dogmatique sûre, faudra-t-il que, pour avoir dû, parmi tant de dangers, se faire, et se faire seul, il n'ait jamais pu réussir qu'à porter, toute sa vie, la peine de n'avoir été ni instruit du vrai ni assoupli au bien par les maîtres auxquels fut confiée sa jeunesse? Les libres penseurs, qui raillent les chrétiens de leurs mauvaises mœurs, ne voient pas qu'ils ne critiquent en ceux-ci que les mœurs auxquelles il les ont inclinés. Et les chrétiens, qui s'indignent et s'effrayent à bon droit des trahisons de l'hérésie moderniste, n'ont pas encore conscience que, dans les intelligences formées par l'Université, elle trouve, pour germer, un terrain plus favorable.

*_**

Ne nous y trompons pas : ce que nous savons du lycée décèle un système d enseignement admirablement conçu pour arracher tout le christianisme de l'âme de la jeunesse. Et tout ce que nous avons cité de discours, d'écrits, d'articles de journaux, de déclarations officielles, ou officieuses, de professeurs, députés, ministres, présidents de République ou d'associations maçonniques, nous prouve qu'il ne s'agit pas là de l'expression d'opinions particulières, mais d'une véritable doctrine d'État, d'un système politique, d'un plan de campagne méthodique, longuement médité. Le système d'enseignement est au service d'un système de gouvernement : l'activité universitaire continue l'activité de l'État ; l'Université constitue une vaste entreprise de préparation d'électeurs dociles; de citoyens serviles. On compte qu'à raison de ce servage des pensées, de cette domestication des consciences, on pourra sûrement poursuivre une guerre de religion.

Notre sort reste entre nos mains, et l'avenir de ce pays, et le salut de la jeunesse. A nous d'ouvrir d'une façon permanente une enquête active sur les agissements de l'Université, de mener contre les lycées une campagne énergique, de contrôler les paroles, les actes de ceux qui professent dans les classes, qui enseignent dans les chaires des Facultés, de poursuivre contre les corrupteurs d'enfants les sanctions qu'autorisent des lois que l'on n'a pas eu le temps encore de corriger; mais, par-dessus tout cela, de recourir à ce procédé de lutte par quoi sera sûrement atteint le triomphe, — le boycottage de l'enseignement d'État, la grève scolaire à tous les degrés de l'enseignement! Sommes-nous ou non des citoyens libres? Ou accepterons-nous d'être conduits, entre deux gendarmes, à l'école infâme, au lycée corrupteur, à la Faculté athée? Souffrirons-nous d'être traités comme les malheureux Polonais sont traités par les luthériens de Prusse? Tant que nous pourrons dresser école contre école, qu'à nos écoles seules, à nos collèges seuls, à nos Facultés seules soient confiés nos fils et nos filles! Soutenons-les par nos souscriptions et par notre confiance, leur donnant notre argent et nos enfants. Si l'État ferme nos maisons d'instruction, nous ferons fermer celles de l'État en y faisant le vide. Nos enfants resteront chez nous, ou ils n'en sortiront que pour aller dans les pays voisins peupler ces écoles et ces collèges dont les Pères, les Frères, les Sœurs ont entouré, comme d'un cordon de santé intellectuelle et morale, les frontières de notre pays. Les familles ne reculeront ni devant le plus de dépenses, ni devant la plus longue séparation. Il s'agit de l'âme des enfants. Et le temps est venu de tous les sacrifices.

TABLE DES MATIÈRES

TABLE DES MATIÈRES

TOURS. — IMPRIMERIE E. MENARD ET Cie

9 782016 200421